U0041004

All Voices from the Island

島嶼湧現的聲音

香港公屋

方格子的吶喊

梁啟智

目錄

序——走遍二百五十四條邨

香港是什麼？對於很多人來說，香港就是維多利亞港。從太平山頂望下去，維港兩岸高樓聳立，辦公室和高速公路的燈光閃爍耀眼。

在這些繁華景觀的背後，還有另一個香港。在商業區和遊客區之外，許多收入不高的香港人都住在外表看起來一模一樣，由政府大規模興建的多層公營租住房屋，簡稱公屋。這些公屋大樓一般每數座到十數座為一組，稱為屋邨。這樣的屋邨，截至二〇二一年中，有二百五十四條。

兩年前，我決定走遍全港二百五十四條公共屋邨。

情感上，這可以說是我用雙腳寫給香港的情書。二〇一九年後，香港社會變得翻天覆地。和很多香港人一樣，我感到自己對香港的情感無從抒發。我是地理學出身的，喜歡走路，於是我選擇直接把整個香港走一遍。我猜想，如果下次遇上另一位同樣是情感無從抒發的香港人，最少我可以告訴對方：我到過你的家。

說要走遍香港，總得找個方式。聽聞臺灣有「走遍三百一十九個鄉鎮」的說法，我本來的想法是走遍香港四百多個區議會選區；但是區議會選區並不是香港人慣常思考的地理尺度，平常我們不會跟別人說自己來自哪一個選區。更常見的是，如果是住在大型私人發展的社區，就說那個屋苑的名字；如果是住在公屋的，就說是哪一條邨。

於是，我決定全香港所有的屋邨都走一遍。畢竟我就是在屋邨長大的。自有記憶以來，到我大學畢業後赴美留學，中間的時間都在同一條屋邨。從個人來看，住在香港對我來說，幾乎就等如住在公屋。從社會層面去看，公屋常被描繪為庶民香港的代表。於是我很自然地想到，或者我該到另外的二百多條邨去看看，近距離地看真香港。

每次和朋友提起我要做這件事，總覺得有點瘋狂。他們都很好奇我走進每一條邨之後，具體會看些什麼。言下之意，在他們的想像中，公屋不是什麼特色景點，沒有什麼好看。即使要看的話，看一條邨夠了，不用看二百五十四條，反正都是一樣的。

我本來也這樣以為。我自己就是來自公屋的，公屋有些什麼我還清楚不過嗎？

遠超想像，這趟旅程給我的得著比想像中要多得多。

首先，公屋並不真的都一模一樣。基於量化生產的需要，它們看起來的確好像沒有什麼個性。但細心觀察之下，不同年代的公屋之間有微少但重要的差別，而這些差別本身又反映了當時香港的社會和政治環境。看公屋的演化，就是在看一部香港的社會史。

而作為每一呎都是政府蓋出來的社區，公屋的規畫代表了政府對居住以至民眾生活的思考。走進一條屋邨，看見的每一物件，從四十層高的大樓到路邊的小花園，每一處都是有政府官員或相關機構的代表按某些既定的指標，在會議室中通過冗長的會議而設計出來的。人住進公屋之後，他不只是公屋居民，他更接受了公屋的管理模式。套用學術一點的說法：從一個人變成一個可被管治的對象。公屋，是一種管治術。

但人會反抗。通過實地觀察，在每一條邨當中我一方面見到規畫上的思考，同時也見到規畫外的生活。沒錯，在香港，公屋代表低下階層；在屋邨的茫茫樓海當中，人特別顯得微不足道。雖然如此，公屋居民仍在寫他們的公屋故事。公屋不只是晚上回去睡覺的方格子，公屋居民對他們的屋邨也可以有所認同。

特別是在二〇一九年，在風風雨雨當中，公屋也成為了抗爭戰場。抗爭雖然結束了，痕跡卻在屋邨當中留下來，沒有即時被洗刷掉。即使有些痕跡被洗刷掉，公屋居民仍繼續用其他方法參與他們的社區。這些嘗試，開啟了香港公屋史很不一樣的一頁。

走遍二百五十四條邨之後，我看到了香港的另一面。感到很有必要記錄下來，所以寫了這本書。

1

在公屋長大

一個人的公屋史

我在屋邨長大，沙田禾輋邨。

我出生在九龍廣華醫院，兩歲前和家人住在長沙灣兼善里。畢竟當時年紀太小，對我的第一個家完全沒有記憶。姊姊後來憶述，那是一間十分狹小的套房，生活環境相當惡劣。兼善里這地方下一次在我生命中出現，已是四十年後我以學者身分擔任市區重建局的諮詢委員，剛好兼善里被納入市區重建（公辦都更）計畫，我坐在中環某座摩天大樓的會議室當中聽政府官員講解打算如何把我的第一個家拆掉。坦白講，因為沒有記憶，所以除了感到有點巧合，沒有更多情感。

回憶腦海中最早的兒時片段，應該就是一家人到禾輋邨入伙（入住）的時候。一九八〇年代初的沙田區是政府正在積極開發的新市鎮，四處塵土飛揚。禾輋邨是政府在沙田區興建的第二條邨，雖然政府刻意完善邨內的生活機能，希望吸引市區的居民到新市鎮居住，但是小時候的我還是覺得禾輋邨的環境有點荒蕪。小學時代晚飯後的活動，是隨父親到互助委員會領取一條藍色的長木棒，然後到大樓外的花園巡邏。現在回想起來，實在有點不可思議，為什麼明明不是警察卻會獲分發武器。當然，相對於兼善里的套房，禾輋邨的公屋單位已是飛躍式的改善，母親後來說我們這個家是到禾輋邨之後才算安定下來。

我從幼兒園到大學畢業都住在禾輋邨，這地方承載了我所有的兒時記憶。香港有約一半人口居於資助房屋當中，這個比例原來相當尷尬：我的成長經歷相當普遍，也相當的不普遍。這是我後來才知道的。

與當時同樣在屋邨長大的小孩一樣，我一直在邨內的學校讀書。幼兒園就在所住的大樓旁邊的另一棟樓的地下。小學是當時公共屋邨的標準「火柴盒小學」：一九七〇年代到八〇年代興建的屋邨都有這種六層高的小學校舍，因為外型像火柴盒得名。一般新屋邨入伙時居民都以年輕家庭為主，對幼兒園和小學的需求特別大。隨邨內人口老化，兒時就讀的幼兒園和小學都早已結業了。

禾輋邨入伙的時候有十二座大樓，每座樓高十多到二十多層，每層二十多個單位，加起來人口有一萬多。邨中央有個大型購物商場，各種商品和服務如銀行和診所一應俱全。商場頂層是社區會堂，平常有各種康樂活動可報名參加，我曾經在那兒上過兒童功夫班。商場下層是傳統市場，商場旁邊還有一列露天排檔，中午賣午餐給附近的學生，晚上變成居民的廉價餐館，一直營業至夜半。住在這樣的一條屋邨，平常生活基本上不假外求。

到我第一次意識到屋邨以外還有別的世界，已經是高中。我就讀的中學也在邨內，近得每天中午可以回家吃飯。後來，畢竟需要多一點的社交生活，就開始和同學在屋邨的商場餐廳或露天排檔吃飯。但我還是沒有離開屋邨。當時同學們雖然不一定居於禾輋邨，但大多來自沙田區的其他屋邨；當時沙田區類似的屋邨有大約十條，規模和設計都相類似，大家的生活經驗沒有多大分別。

也不是說我沒離開過沙田區。但成長環境所限，即使去別人的家，仍然是公屋。我有兩個阿姨，一個住觀塘的藍田邨，一個住大埔的大元邨；都是公屋。小

顯徑邨的「冬菇亭」，裡面有餐廳可供屋邨的住民用餐。這已是整頓過的樣子，看不出早期露天排檔的模樣（本書圖片除特別注記外，皆由作者拍攝）。

時候母親會讓我去大元邨找表哥玩，還會睡一晚才回家。但那個環境跟我在禾輋邨的家仍然沒有什麼分別：都是很多座大樓當中的其中一座，大樓當中很多個格子的其中一格。

硬要想小時候的非屋邨經驗，唯一想到的是某年過農曆新年，跟著父親去九龍太子道的一處私人住宅拜年。這家人應該是父親的上司，不知道為什麼那一年我也要去。我記得這件事，是因為很記得那天母親特別介意我們三姊弟要穿得體面，和告誡我們絕對絕對不能搗蛋。印象中那間房子很大很漂亮，後來長大了才知道太子道是富人區，住在那兒的人非富則貴。直到高中，因為參加聯校活動，我才真正認識到不是在屋邨長大的香港人。

聯校活動是香港傳統名校的常見活動。香港開埠於一八四一年，市區有不少百年歷史的中學，當中因歷史傳統不少都是男校或女校。基於年輕人的社交需要，它們發展出各式聯校活動，其實就是找個藉口結交異性。後來這些活動擴展到新市鎮的新建學校，於是我也有機會參與其中，也讓我第一次認識到不是在公屋長大的同輩人。

記得有一次因為籌備活動弄得十分晚，而且又在港島，回家要一個多小時，有一位來自皇仁書院的成員就提議可以在他家中留宿。皇仁是香港的老牌名校，原名中央書院，也就是孫中山的母校。朋友住在附近的天后廟道，算是半山豪宅區。這是我第一次在私人住宅當中過夜，朋友的母親十分友善，但這環境對我還是有一點點衝擊感。

和一群名校生交朋友，感受到的最大差異是，一旦離開了屋邨，下一步已是整個世界。因為當時我已在高中，很快就要準備考大學公開試。但我發現我準備的公開試和這些名校學生的並不一樣，我準備的是香港高級程度會考，他們準備的是TOEFL和SAT。我最初連這些英文字母代表的是什麼都搞不清，後來才知道是用來投考美國大學的公開試。原來他們大多沒有打算在香港完成中學課程，而是一早就準備要到美國升學。

我當然從小就知道在屋邨長大就等於平民百姓，外面有一些比自己更富裕的人，但那是抽象的觀念。要到那一刻，我才真的感受到差別：當我和我的同輩要競爭有限的香港學額時，他們的未來已由他們的家中安排好，要當地球牧民了。我在屋邨中學的同學，大多都和我一樣，沒有聽過什麼是TOEFL和SAT，因為根本沒想過要到美國讀大學。大家還是老老實實為高考準備，還要擔心自己考不上要重讀。他們不單止未來早已被限制，甚至連已被限制都不知道。

得說明一下，這兒不是要埋怨。那位當時住在天后廟道的，後來成了我一輩子的朋友。我甚至十分珍惜公屋成長經歷所給予我的世界觀，讓我知道富足不是必然，每個人不一定同樣幸運，成功不一定基於自身的努力。抽象一點說，我要到了美國讀博士的時候才認真讀有關階級的學術文章，但階級這個概念我知道得很早：我是個屋邨小孩，兒時認識的大多數同輩人都是屋邨長大，屋邨是一個階級。這個認知是我人生觀的重要部分。

竹門與木門

「我在公屋長大」，其實我很怕大聲說這句話。我倒不是為自己的下層社會出身感到羞恥，甚至有時會有點自豪。問題是我的社會科學讀得太多，對這股自豪感總會帶點警惕。

香港社會學者呂大樂教授曾經提過，香港人自稱「在公屋長大」往往帶有多重意義。很多時候，如果有人自我介紹的時候刻意提到這一點，其實是想告訴你自己今天很成功，而且這成功地位是自己努力爭取回來的，不靠父蔭。例如當有政治人物自稱「在公屋長大」，目的就是要拉近自己和選民的關係，讓對方相信大家有共同經歷，並不脫離群眾。

不過，呂大樂也強調這句話的重點是它是過去式的。天皇巨星或商界領袖會和你分享各種過去在屋邨長大的兒時片段，例如譚詠麟會和你說從前在健康村和街童追逐遊玩的故事。不過這些故事通常都已經潔淨化，不會把重點放在邨中的黑幫或癮君子。更重要的，是會跟你說「我在公屋長大」的人，現在都不住在公屋。你叫他們現在回去公屋長住，他們都不會願意。就連本人也不例外。

一方面說自己「在公屋長大」，另一方面又不想回到公屋生活，說明公屋更大程度上是一個文化符號，在適當時候是可以拿來讓自己感覺良好的，相關記憶和表達隱含大量的自我選擇與遺忘。而當這個文化符號不合用的時候，亦可隨時略過不提。回到政治人物的自我宣傳，如果他在中產選區出選的話，大概就不會特別標榜自己「在公屋長大」。說自己是什麼外國的名校畢業，會更為討好。

說到底，無論社會對公屋有多少浪漫化的描述，也不能否定它本身的階級文化意義。有一篇數年前開始在網上流傳的「公屋潮文」，就很生動地表達了這一點。[1]

這篇文章原來的題目是〈女朋友帶你返屋企食飯〉，描述女友帶作者回家吃飯時發生的事情。文章列出多個不同情況，視乎男生住的地方是租的還是買的，是公屋、居屋，還是私人物業，女友的母親會有不同反應。最好的結局，是男生說有自置物業，女友母親態度隨即變得殷勤，笑容從心而發，大讚對方聰明又有前途，還會請男生吃雞腿。但如果男生是住在出租公屋的話，女友母親會隨即變得冷淡，甚至閉門不見。

這篇文章受到廣泛討論，因為它擊中了香港社會中一個核心問題：擁有私人物業等於獲得向上社會流動的入場券，而住在公屋則代表沒有私人物業。文章對「女友母親」的描繪可能有點過於誇張刻薄，但房產在社會流動的地位卻十分真實。香港房價數十年來升幅遠比工資升幅要快，擁有房產者可以享受資產升值帶來的被動收入。本來價值三百萬的房子，後來變成六百萬了，那就可以無成本地向銀行再貸款三百萬出來，用來購買另一處房產出租，房貸就拿租客的租金來付。如是者，一變二、二變四，購房成為許多香港人深信不疑的財務自由方程式。如果你是公屋居民，抱歉，上述致富之道與你無關。

後來有製作團隊找了著名綠葉演員盧宛茵演繹女友母親一角，把潮文拍攝成實景短片。盧宛茵在「私樓版」和「公屋版」的熱情和冷淡嘴臉，贏得網友一致好評。很多網友說自己感同身受，回憶自己第一次到女友家中吃飯時怎樣如坐針氈。在「公屋潮文」和衍生的短片當中，公屋就是竹門，對不上木門。要確保女兒日後不會生活艱苦，男朋友就不要找住公屋的。

找老公不要找公屋出身的，找老婆又如何？最極端的情況，大概就是那些公屋女孩嫁入豪門的故事，這可是報章娛樂版最喜愛的題目。例如每年電視臺選美的得獎者如果是公屋出身的話，就會被冠以「公屋港姐」的稱謂。這說法只有公屋出身的才有，在中產屋苑長大的就不會有「中產屋苑港姐」的稱號。為什麼要特別給她們這個稱謂？因為大家最期待，或是最具娛樂性的下一幕，就是「公屋港姐」遇上十億身家的上市公司太子爺，一朝飛上枝頭變鳳凰。好聽的就說灰姑娘遇上白馬王子，不好聽的就說拜金女成功釣金龜婿；總之這種故事有市場，讀者都愛看。反過來，我倒沒有在娛樂版讀過公屋男生和上市公司太子女結婚的故事，不知道是沒有發生還是沒有被報道；我有點懷疑如果同樣被公開的話，社會反應會如何不同。

八卦社會新聞當中對於結婚和公屋的相關討論之多，數之不盡。又例如香港結婚有「出門」這個習俗，也就是婚禮當天早上新郎到新娘的家迎接對方，是整日活動的第一站。曾有網友貼文指未婚妻不想別人知道自己在公屋長大，選擇租用豪華酒店的房間作出門之用，男方感慨是無謂開支。又曾有新郎新娘找著名攝影師拍攝結婚當日的花絮片段，攝影師得知新娘會在公屋出門後拒絕服務，理由是不想公屋場景出現在他的作品集當中，覺得會拉低其身價。

每當出現這些帖文，例必引發網上熱議，到底在公屋出門是否就顯得不得體？平時在屋邨也不難見到結婚花車，證明不是每個人都介意這點。認識在公屋長大的女性朋友，有的選擇在公屋出門，說是要尊重自己成長的地方；也有的選擇租酒店房間出門，理由是公屋空間狹小難以招待親友。當然，如果真正原因是不想讓別人知道她的出身，大抵也不會這樣告訴我。

林林總總關於婚嫁和公屋的呈現和討論，說來說去，通常都充滿各種性別定型：為什麼公屋出身在「婚嫁階梯」中就低人一等？為什麼買房一定是男生的責任？反過來女生買房又如何？回到「公屋潮文」，為什麼給難看面色的一定是伯母而不是伯父？為什麼伯父在整頓晚飯中一言不發，好像失蹤了一樣？

對於最後的問題，製作團隊又衍生出題為《公屋潮文之世伯後傳：沉默的男人》的短片。事源同年中學文憑試的中文作文題目為「必要的沉默」，讓考生回顧一件他不得不沉默的事情。有知名中學老師藉此寫了一篇文章，解釋「公屋潮文」中的女友父親為何一直沒有說話；之後製作團隊再進一步擴充，拍成短片。

按短片所述，世伯當時其實很想拍檯大罵，指責自己的太太為什麼如此看不起面前這位實幹的年輕人。但他最後選擇了沉默。他心裡明白，太太的表現，和自己相關。短片倒敘回到一九九七年，世伯憑自身努力購入物業，以為一家可以安穩生活。誰知金融風暴隨九七而來，樓價大跌之下成為了負資產；加上接連投資失利，讓太太對未來失去信心。太太此事對年輕人的冷漠，其實是對夫婦二人的感情投射。

如是者，「公屋潮文」的故事從宏觀到微觀，最後再由微觀回到宏觀當中。住公屋被歧視，既是年輕人的故事，同時是世伯和伯母的故事，亦是整個香港經濟結構的故事。

上樓之路

公屋的階級性質，來自它帶有資助房屋的功能，政府因而訂出一系列入住的資格要求，於是公屋居民的社會背景在某些方面都不會差太遠。久而久之，公屋就變成一種社會階層的代名詞。

先說明一下，這兒所指的公屋是指一般的資助出租房屋。除了出租房屋外，香港也有供出售的資助房屋，其中政府的計畫稱為「居者有其居」（簡稱「居屋」），以比市價較低的水平出售予合資格的香港居民，同時設有一定的轉售限制（包括限制年期和出售對象，以及是否要把差額補回給政府）。此外，在一九九八至二〇〇五年期間，政府也曾經把一些資助出租房屋以較低的價格賣給原來的租戶，所以有些屋邨會同時混雜出租部分和出售部分。另外還有少量五花八門的「夾心階層計畫」和「綠置居計畫」等等，這兒就不一一細數。以下我們先集中談出租的部分。

以一個四人家庭為例，二〇二二年申請政府公屋的總入息（收入）上限為港幣三萬零九百五十元（臺幣十一萬七千元），資產淨值上限為港幣五十六萬二千元（臺幣二百一十三萬二千元）。同年香港的四人家庭入息中位數是港幣四萬三千五百元，大約有三成的四人家庭的入息低於申請上限。換言之，符合申請公屋資格的人群在香港算是低收入的群體。

申請公屋，在香港一般稱為「排隊上樓」。公屋政策的源起一九五〇、六〇年代大量難民從中國大陸逃到香港，房屋供應嚴重不足所致。當時很多難民住在山邊臨時搭建的平房當中，生活環境惡劣。入住公屋代表從木板和鋅鐵搭建的平房，搬到混凝土興建的多層大樓，所以稱之為「上樓」。

至於「排隊」，則是因為申請公屋人數眾多，供應總是趕不上需求。政府的目標是一般申請者平均約三年獲首次編配單位，然而二〇二二年初的真實數字卻是要等六．一年。這情況也不是一直以來都是這樣差的，回到在二〇〇〇年時，數字曾經壓到少於兩年。後來的大幅增長，和政府欠缺長遠土地規畫有很大關係。

公屋供應不足在整體房屋規畫當中會帶來連鎖反應。每當政府嘗試重整土地推動發展，無論是在郊區清拆所謂的非法寮屋（鐵皮屋），或是在市區推動公辦都更，例必會遇到受影響居民要求在同區的公屋安置。如果當區的公共屋邨沒有足夠的空置單位應付需求，這些發展計畫的阻力就會大幅增加，房屋供應無法增加，形成惡性循環。

九七前香港也曾經有過極長的輪候期，當時政府設置臨時房屋區應付需求，最高峰時曾有數十個。這些臨時房屋區的建築一般是兩層高的排屋，不設廚房及浴廁，住戶要在屋外煮食和使用公眾廁所。末代總督彭定康曾提出要終結臨屋區，這個任務最終在特區成立和樓市崩盤後的二〇〇一年做到。日轉星移，近年公屋供應再次嚴重不足，政府提出用貨櫃箱改裝「簡約公屋」，坊間又有建議讓輪候公屋者暫時居於為疫情興建的隔離平房。輿論批評公屋問題走了一個圈，又回到起點。

公屋受歡迎，除了是因為環境比住在違建平房或舊公寓的分租套房（俗稱「劏房」）好之外，租金相宜也是一大優勢。以一個約三十平方公尺（約九坪）的單位為例，市區公屋的租金上限是約港幣二千八百元（臺幣一萬零六百元）；

如果要在私人市場租一個相同大小的單位，最便宜的、條件較差的，也要港幣一萬元（臺幣三萬八千元）或以上。

一般來說，在一條公共屋邨當中，各戶的平均租金約為該邨住戶收入中位數的一成左右。這相對於一般家庭要花三成或以上的收入在租金之上，無疑是大幅增加公屋住戶可利用的收入。因此，公屋居民雖然在收入上是社會下層，但生活上也不至於過得十分節儉。公屋居民可以買最新型號的智能電話，可以趁假期的時候去臺灣甚至日本旅行，不是什麼奇怪的事情。

最後，很多政府政策都是針對公屋居民的，因為他們是最容易識別的「需要被幫助的對象」。近年每當政府財政預算出現盈餘，政府便會代所有公屋住戶交一個月租金，算是藏富於民。又例如上面提到政府興建供出售的居屋，本身居於公屋的申請人就有優惠。由於申請人數眾多，申請居屋的配額需要抽籤決定。這個抽籤的制度設計，是確保公屋申請人的中籤機會比一般申請者的要高很多；條件是中籤後就要放棄現時所住的公屋，讓公共資源可以繼續流轉。

因為類似的政策傾斜，坊間輿論有時會半開玩笑地說「公屋才是人生贏家」。社會中最底層的人，其實是因各種原因連公屋也住不了的人，他們被迫要以高昂的租金租住十分破落的居所。住公屋雖然比上不足，但比下有餘。

當然，既然有好處，自然就會有各種人嘗試尋找各種漏洞得到這些好處，也會有各種關於誰才有權或值得享有這些「福利」的爭拗。

舉個例，因為公屋有入息上限，於是便引發一些大學生想到趕在畢業之前以自己的名義申請一人公屋單位。在申請表格上，他們確實可以聲稱自己一貧如洗。但是政府也不笨，要求非長者的個人申請人要用另一套輪候準則，基本上不到六十歲也排不到。不過，這樣反過來又等於歧視了單身人士，好像一定要結婚才會被政府承認有住屋需要似的。這點會在談公屋設計的時候再提到。

剛才提到公屋住戶在申請居屋的時候有優惠，因為居屋可以轉賣或讓下一代繼承，業主亦可享受資產增值的利益，被視為成為公屋住戶的一大好處；但這好處也可帶來各種家庭爭拗。如果一個家庭只有一個孩子，戶主拿他的公屋住戶身分去購入居屋，計劃自己百年歸老後其居屋由孩子繼承，這還簡單。但如果是多於一個孩子的話，則其中一人提出要拿一家人從小生活的那個公屋單位來申請居屋時，無論其他兄弟姊妹是否仍然住在該處，潛在的衍生利益也很容易引來爭執不滿。這樣的家庭矛盾，從小到大在親戚鄰里之間聽到不少。

近年引起較多社會爭議的，則是新移民「霸占」公屋資源的爭議。因為香港出生率下降，新人口增長都以外來移民為主，其中以從中國大陸而來的新移民為主體。香港人近年對中國政治有許多不滿，連帶對新移民也產生反感，例如認為他們霸占本地人的公共資源，甚至有輿論一刀切地反對興建公屋，認為蓋了「也只是給新移民居住」。

現實上，雖然不一定所有同戶申請人都要是香港永久居民，但按規定在配屋時同戶必須有至少一半成員在香港住滿七年及所有成員均在香港居住。舉個例，一個家庭中父親和孩子都是香港永久居民，母親是來港未滿七年的新移民，則符合配屋資格。全家都是新移民然後獲配公屋，制度上則不能發生。

雖然如此，坊間仍有印象認為新落成的公屋都是「新移民邨」，例如沙田的水泉澳邨，還有在啟德機場原址興建的啟晴邨和德朗邨，網上流傳這些新落成的屋邨都「沒有人講廣東話」。我在到訪這幾條邨的時候特別張開耳朵，普通話和其他中國方言出現的次數確實是略多一點，但又未至於普遍。翻查數據，新移民在公屋申請人的比例當中一直徘徊在兩成左右。

這不是說和新移民相關的不滿都是無的放矢，有些質疑還是有合理基礎的。例如上文提到申請公屋有資產審查，但如果申請人在中國大陸擁有大量資產，而香港這邊不主動調查，就很難會被揭發。而當這些故事在民間流傳，和社會多年來對公屋的階級想像產生落差，就會引發對新移民「霸占」公屋資源的不滿。

說回「上樓」。申請公屋的時候，申請人要選擇想住的地區，不過申請表只把全香港粗略分為四部分：市區、擴展市區、新界和離島；簡單來說挑愈不方便的地方就會愈快獲得分配。如果想限定某個區議會分區，則要有醫生或社工寫信提出理由，但仍不能自己選要哪一條邨。經歷漫長的輪候期之後，收到「配房信」時才會知道具體獲分配的屋邨。合資格的申請人可獲三次配房機會，如果不喜歡被分配的屋邨就要賭運氣，看看下次分配時會否更不合意。

有「上樓」，道理上也有被趕走的機制，雖然發生的不多。不少公屋居民於「上樓」之後收入改善，超出申請時的上限。對此，政策僅要求入息達上限兩倍的要繳交較多的租金（但仍然比市價低），到了入息上限五倍才要遷走。再者，政策規定住戶如果所有成員均年滿六十歲，則不再審查其入息或資產，讓他們可安心在習慣的環境中終老。

也曾經有案例是住戶因為被懷疑長時期沒有住在獲分配的公屋單位而被趕走，後來記者調查發現該戶主生活刻苦，從來不用電，食水則拿山邊溪水。因為沒有電費水費，單位在紀錄中看起來就好像是空置了。這故事背後還涉及一些戶主不想公開的家庭問題，主管部門當時調查不到。可惜因為到發現時程序早已走完，無法補救，傳媒報道出來後引發社會廣泛同情。

為了「打擊濫用公屋」，政府還發明了「房護俠」這個吉祥物。可能是因為大家對「打擊濫用公屋」太沒放在心裡，又或它的造型太過普通（一位拿大鐵鎚穿紅色盔甲的戰士），每次出場似乎只會引來公眾嬉笑。現實中最有名的嚴重收入超標公屋住戶，應是前立法會議員梁國雄。他當議員前是全職社運人士，長期收入不穩，本來合資格居於公屋。到他二〇〇四年當選立法會議員，一下每月可獲數萬港元的議員津貼，卻選擇繼續居於公屋。親北京的政治人物常以此事大造文章，但畢竟他的政治立場是代表基層，支持的選民似乎並不介意，反而覺得他夠貫徹始終。他自己則辯解當議員也不保證可以一直當選，他拿的議員津貼大多數用來支持社會運動，亦已按規定繳交雙倍租金。這問題後來隨他過了六十歲，按規定不再要接受入息或資產審查，也就沒有再追查下去了。

總的來說，一旦獲分配公屋單位，除了特殊原因，只要你願意，很容易就變成一輩子的事。我們這一家在一九八〇年遷進禾輋邨，我自己在二〇〇〇年因赴美留學而遷走，兩個姊姊也在婚後有自己的家，但父母仍然留在禾輋邨，至今已超過四十年。我們也想過讓他們搬走，但他們說住慣了，街坊也有照應，不想改變生活環境。

話雖如此，父母一輩儘管不介意在公屋終老，卻未必希望子女以後也要在公屋活一輩子。印象中小時候曾經聽母親說過，「希望子女能離開這個『窿窿』（洞穴）」。她口中的「窿窿」，有兩層意思。物理上，我們在禾輋邨的家只有三十三平方公尺（約十坪），住了一家五口，並不舒適；但更重要的，是她很明白公屋是一個階層，在她眼中代表一種對人生的局限。子女能離開公屋，才算出人頭地。

庶民布景板

個人對公屋的想像，有喜有悲。社會的整體想像，也一樣。

公屋出身的候選人有時會強調自己來自公屋，不是公屋出身的又怎麼辦？只要對準時機，有時也可以勉強蹭一下。在二〇一七年的行政長官選舉當中，其中

二〇一七年香港特首選舉候選人之一曾俊華，在獅子山前的公屋，拍下這張照片，獲得不少香港市民認同。（圖片取材自 FB：John Tsang 曾俊華）

最受歡迎的一張選舉宣傳照片，是曾俊華在一條行人天橋上和幾位街坊閒聊。這張照片之所以深入民心，在於其構圖：在行人天橋的後面，是一座在公共屋邨中常見的Y型大廈；而在Y型大廈後面，是獅子山。

公屋和獅子山，都是香港庶民想像的代表。我曾經參與過一項大學研究，請受訪者在數張照片當中找一張代表香港，當中包括維多利亞港夜景，公屋，和紀念「九七回歸」的金紫荊廣場。

我們在實驗前預計金紫荊廣場是不會有人選的，結果也是。常說維港夜景是香港的城市名片，也真的很多受訪者選擇。但我們不時會遇到受訪者挑公屋的照片來代表香港，他們的解釋是維港夜景是香港繁華的那一面，公屋才代表香港「一般人生活」的那一面。

至於獅子山，其視覺衝擊則更為明顯了。維港兩岸有兩座重要的山，香港島這邊是太平山，也就是遊客乘山頂纜車上去看風景的那座山。太平山又名扯旗山，據說是英國占領香港時升旗的地方。後來英國也曾禁止華人在山頂居住，到今天能住在山頂甚至中半山的都是富人。相對來說，九龍這邊的獅子山則代表平民。九龍半島相對於香港島來說，居民和生活環境原來就比較草根。從九龍東望過去獅子山，遍地都是公屋。〈獅子山下〉一曲，更長期被認為是香港非官方代表歌曲。後來在二〇一四年占領運動和二〇一九年抗爭浪潮期間，抗爭者在獅子山頂掛上抗爭標語的直幡，更再次突顯了獅子山代表香港的象徵意義。

曾俊華的競選團隊拍攝這張照片，當然是經過慎密計算的。我在走訪獅子山下各條屋邨的時候，也特別尋找這條行人天橋的位置。拍攝地點位於竹園道，竹園北邨和竹園南邨之間；後面那座大廈是鵬程苑，其實是居屋來的，不是公屋。不過Y型大廈更常見於公屋，而且居屋也算是資助房屋，作為構圖意景亦不用過於深究。拍攝的準確地點對我來說不難推斷，畢竟雖然獅子山下的公屋很多，能對準角度同時讓主角、公屋和獅子山出現的場景並不常見，競選團隊應該下了不少苦工才找到這個完美位置。

我覺得有趣的地方，是為什麼當時的香港人會接受這張照片。好的，曾俊華雖然出身不在公屋，但也是在九龍西洋菜街長大，好像很庶民。但後來當選的林鄭月娥小時候也是住灣仔的板間房，[2]絕對是基層出身。還有另一候選人胡國興，九龍上海街長大，住處樓下就是舞廳，小時候目睹黑幫收保護費，後來成為法官。要說「香港故事」，曾俊華不見得有優勢。

說政績，曾俊華以前是財政司司長，負責制訂預算，過去一直被批評為守財奴，不肯投資社會保障。曾有一年的政府預算，曾俊華提議向全港工薪者注資六千港元到各人的退休投資帳戶，就被各界狠批為脫離現實。低下階層朝不保夕，你給錢他們卻要六十五歲之後才能用，開玩笑嗎？終於在連親北京政黨都反對之下，計畫被迫改為向全港永久居民派發六千港元的現金。經此一役，曾俊華還要走進公屋區扮演分享庶民情懷，也認真夠膽。

明明不合乎本來的人物設定，但他卻成功了，理由很簡單：事情總是相對的。他的對手林鄭月娥一直說不想參選，後來明顯是在中國政府要求下才出來參選；曾俊華自己則是在中國政府重重勸退之下，仍然堅持參選。就這樣，曾俊華便自動獲得了「代表普羅市民」的地位，畢竟對手比自己更離地。加上林鄭月娥在參選前已在政壇流傳人緣不好，曾俊華便在競選過程中不斷找機會凸顯自己心胸開闊，能夠接受批評。在一系列的形象工程之下，這張「曾俊華獅子山下公屋照」，才變得順理成章。公屋作為一個文化符號，剛剛好被挪用了。

曾俊華不是第一位借用公屋作布景板的政治人物，還有另一位比他有分量得多：英女王伊利沙伯二世。英女王曾兩度訪問香港，兩次都有探訪公屋，一九七五年那一次去了九龍的愛民邨，一九八六年那一次去了沙田的隆亨邨。

政治人物來香港，行程中安排去公共屋邨探訪一個「香港基層家庭」，差不多是指定動作，以顯示其親民作風。英女王會這樣做，其他國家元首也會這樣做。時任美國副總統的尼克遜（臺譯尼克森總統，Richard Milhous Nixon）於一九六四年到訪香港時說去了彩虹邨，還留下在邨中打羽毛球的照片，旁邊還有無數圍觀群眾毫沒半點區隔。特區成立以後，中國政府的領導人來香港時當然也要去一趟公屋，例如二〇一二年時任國家主席的胡錦濤到香港出席慶祝特區成立十五週年的活動，就順道去了一趟馬鞍山的頌安邨。

但在眾多「政治擺拍」當中，除了上面提到曾俊華的競選廣告外，還是以英女王首次訪港時，步出愛民邨公屋單位的新聞照片最受稱頌。早前英女王於九十六歲高齡辭世，在香港牽起了一波懷念英國統治的風潮，這張照片在社交網絡又被瘋傳，還有政治漫畫家二次創作以表達懷念。這波風潮和曾俊華的競選一樣，要放在特定的時代背景當中才能明白。

在英國，要求取消王室、實行共和的聲音一直存在；在其他英聯邦國家或前殖民地，英國王室代表的是歷史上英國管治曾帶來的種種傷痛。然而來到香港，英女王逝世卻帶來鋪天蓋地的民間紀念，還引來一些親北京輿論批評港人「戀殖」心理作祟。後面的道理，也和曾俊華的情況有點像：沒有比較，就沒有傷害。香港人腦海中的，是過去數年香港和中國的政治衝突，連帶對中國管治的種種不滿；相對來說，從一九七〇年代到一九九七的那段日子，則是香港的黃金歲月，不單只經濟騰飛，而且人民生活自由。如是者，香港人很容易就會把對現狀的不滿對照到一個無限美好的想像回憶當中。

最近讀到末代港督彭定康在任時的日記，原來他曾責備房屋委員會為了迎接九七前來訪的威爾斯親王（現英王查爾斯三世）而把安排視察的屋邨重新粉刷一遍。他說這是「畫蛇添足」，向官員吩咐「絕對不能再發生」。彭定康還在日記中表達對親王的相反意見：親王參觀屋邨之後，顯得不喜歡高的建築，但香港的房子不蓋得高又怎能容得下龐大人口呢。至於現在中國領導人要來香港看公屋，

在香港公屋眾多的「政治擺拍」中，女王造訪愛民邨可說是其中最受稱頌的，在她過世之後更是如此，這也反映了香港人亟需情緒上的出口。女王後方是當時的香港總督麥理浩。（圖片提供：SCMP）

然後對設計指手畫腳的話，香港特首會以怎樣的態度回應，大家可自行想像。

香港人對港英時期的回憶是否有過度浪漫化之嫌？談公眾印象，有時願景比狀態重要。你說兩次英女王訪港的時候，都沒有一名立法機關的議員是直選產生的？對，的確是這樣，但政治上當時香港正逐步走向開明，容許對未來樂觀。反過來，現在的立法會雖然有直選了，但過去數年的改變是：直選比例大幅降低，參選門檻大幅提高，未來普選遙遙無期。

更重要的，是在高壓政治之下，情緒不易找到出口。同樣是獻花，紀念二〇一九年抗爭的衝突現場是不容許的，紀念英女王起碼出於外交禮儀之下無法阻止，也就成為投射對象了。

說回女王的照片，當然構圖本身也發揮了很大作用。英女王在愛民邨訪問的家庭住在康民樓，屬長條形設計，其中一邊是露天長廊，所以她步出公屋單位的那一刻才能被在大樓外面的記者拍攝到。當時的政府官員又沒有把其他樓層的露天長廊封鎖，於是在英女王的下面剛好有圍觀市民往上看，形成一幅「民眾擁戴」的圖像。現在中國政府的國家領導人到訪香港，警察總會設下多重路障把民眾隔得老遠；這張一九七五年的新聞圖片來到今天，就被賦予了新的政治含義。

以公屋為背景的「親民秀」雖然每一次都是計算出來的，但要受眾接受，總得對得上處境。

悲情城市

對個人來說，可以以出身公屋自豪，但條件是現時並不住在公屋。對社會來說，同樣可以歌頌公屋的庶民情懷，同時卻不想讓公屋蓋在自家門前。

要說公眾印象，首先要解釋「邨」這個字。邨和村同音，也解作居住聚落。但「邨」在香港較常見，一般用在公共屋邨。絕大部分的公屋都叫「邨」，然後當中的大廈都叫「樓」，例如利東邨東安樓（但過去只有數字編號的大廈則叫「座」，如「慈雲山邨第十八座」）。至於居屋，則一般叫「苑」，當中的大廈都叫「閣」，例如東駿苑金駿閣。不是所有的資助出租房屋都叫「邨」，大坑西村和健康村都叫「村」而不是「邨」；也有一些私人發展叫「邨」的，如美孚新邨和大同新邨。但這些都是比較舊的例子。印象中從一九八〇年代開始，不再有私人發展叫「邨」了。「邨」好像就是低人一等似的，建商不想被混淆。

雖然香港有一半人口住在資助房屋，但公屋仍然會被視為負面設施，需要避鄰。而香港最常被貼負面標籤的公屋社區，是天水圍。特別是在九七後的一段時間，天水圍有「悲情城市」之稱，傳媒常以「天水圍城」來形容。甚至有民意代表曾建議天水圍應該改名（常見的提議是「添瑞圍」），以掃除民間的負面形象。

天水圍位處香港西北角，距離市區約一小時車程，原為一片漁塘，現在是個人口約三十萬的新市鎮。天水圍分南北兩部分，天水圍南發展較早，在一九九〇年代開始入伙；天水圍北則略為晚一點，到二千年後開始入伙。

「悲情城市」的說法，來自二〇〇〇年代發生一系列的慘劇。二〇〇四年，天恒邨一名無業漢斬死妻子和兩名幼女後，再用刀自殺身亡。滅門慘案震驚全港，事件後來拍攝為電影《天水圍的夜與霧》，由著名導演許鞍華執導。在我走訪天水圍的屋邨時，出發前的資料蒐集往往都會翻到某宗家庭悲劇的故事。一九九九年，天瑞邨發生五口燒炭命案，男戶主因欠債自殺，同時帶走妻子和三名兒子的生命。二〇〇七年，天耀邨一名有精神病紀錄的女子疑因丈夫患癌感到壓力，把子女擲下樓後再跳樓自殺，三人當場死亡。接連的慘劇，促成了公眾對天水圍社會問題的廣泛關注。

有意見認為天水圍的社會問題和城市規畫相關。天水圍作為一個完全由政府規劃出來，從一片漁塘中拔地而起的新市鎮，本身就欠缺原生的舊社區提供有機連結。當規畫或政策出錯，無論是社區服務、康樂，以及購物設施出現供求失衡，居民就沒有其他機會滿足生活所需。加上天水圍距離市區較遠，當本區找不到工作或服務時，要到外區也不容易。

剛好天水圍多數屋邨落成的時間，正是九七後金融風暴的時期，香港整體出現經濟衰退，處於社會下層的公屋居民所受的影響尤甚，這種狀況本來就很易引發危機。原本天水圍的規畫沒有那麼多的公屋，然而因為經濟衰退下房地產市場崩盤，建商要求政府暫停出售居屋來護市。大批在天水圍已經蓋好本來要出售的居屋，一下子被改為出租用的公屋。社區中居民的社會經濟地位一下子被拉低了，但是各種配套設施如青少年中心和社工編配卻沒有跟上去，慘劇發生只是時間問題。

事隔多年，天水圍已走出「悲情城市」的陰影，雖然規畫上帶來的各種問題仍然存在，這點後面會再提到。不過，公屋作為社會問題溫床的刻板印象，則在天水圍之前已經存在，之後亦仍然繼續。當然，這點也不限於香港，其他社會也時有發生，特別是公屋在許多地方更不普遍，更容易成為歧視對象。例如芝加哥的 Robert Taylor Homes 和 Cabrini-Green Homes，就是失敗公屋計畫的代名詞，也是學術上經常論及的案例：貧窮問題最嚴重的時候，Robert Taylor Homes 有九成半居民失業，四成為單親婦女；黑幫橫行下治安問題讓居民提心吊膽，當地政府推算每日有數萬美元的毒品交易發生。由於公眾形象太差，這些發展最後被政府全數拆除。把低下階層以高密度的方式集中在一起，從來不是易事。你說有錢人的社區就不會有人犯罪，不會有人吸毒，不會有精神病患嗎？當然不是，但他們有錢，可以自己找幫助，也可以把個別的問題藏起來。

大家都知道香港需要公屋，只是不要在自己身邊就好。要買房，附近是公屋區可以是殺價的理由。政府蓋公屋進度落後，給出的理由是民意代表反對在他們的社區增建公屋。當政府規劃新的公共屋邨，常見有人質疑留給公屋的地段會不會太好。如果預留的地段就在海邊，則爭議更大。在香港的房產市場，海景無價。把海邊的地段預留作公屋發展，會被認為是「浪費土地資源」。如果拿這幅地來拍賣，可以為政府庫房帶來巨額收益，有輿論聲言這才是對公眾負責任的做法。

如此爭議，後面當然涉及價值觀。為什麼只有富人才有資格享受海景？如果我們接受公屋區不配有海景，是否反過來認同了公屋低人一等的社會想像？這種

鴨脷洲的鴨脷洲邨，是香港少數僅存的「海景公屋」。

想像帶來的影響，能否用金錢衡量？我的想法比較簡單：就算香港政府有錢，也不見得會花在香港市民身上。海景地皮應該拍賣而不該建公屋？我未能被說服。

也得承認，「海景公屋」在香港並不常見，甚至有愈來愈少的趨勢。就我成長的禾輋邨，雖然沒有海景，但好歹也是沿城門河興建，景觀十分開揚。同區的沙角邨和乙明邨也一樣。但是沙田區屬於政府精心規劃的首批新市鎮，空間利用上明顯比後來的發展要來得奢侈。現在再按禾輋邨的標準建屋，大概亦會被批為「浪費土地資源」。

還有幾條坐擁真正海景的屋邨：青衣的長發邨，屯門的三聖邨，還有鴨脷洲的鴨脷洲邨，都是落成於一九八〇年代，而且不處市中心。再早一點的，有港島的北角邨，落成於一九五七年，既位於市中心，又對正維多利亞港海景。但是北角邨已在二〇〇〇年拆了，本來還說要建居屋的，後來因為九七後地產市場崩盤而擱置，最後變成豪宅地皮。現在在這兒買房的實用面積呎價最少也要四萬港元（換算臺幣五百四十萬一坪）。

重建後還保留作資助房屋，而且還有海景的，油塘的油塘邨和油麗邨應該算吧。但這個海景恐怕是有賞味期限的。它們前面的油塘灣發展區一直掉空，到要蓋樓的時候可能就會把後面擋住了。至於近十年落成的海景公屋嘛……也不是沒有。觀塘安達臣新建的公屋都有海景，不過這是因為安達臣發展區在高山之上，前面沒有阻擋，海景換來的則是交通不便。有正市區、正海景的新建公屋嗎？我想到深水埗海盈邨。不過這兒鄰近另一個避鄰設施（嫌惡設施）：長沙灣副食品批發市場。而且海盈邨的海景一樣有賞味期限，前面已有十多座私人住宅在興建當中，會完全把海景擋住。未來的還有觀塘的茶果嶺，政府打算拿這片正對維港岸邊土地發展公屋，後面私人屋苑的業主便向城市規畫委員會投訴，說會阻擋他們的景觀，說白了就是不想失去海景讓房價被拉低。在不少人的心目中，想看海景還是該乖乖賺錢還房貸，一輩子為建商打工吧。

1 潮文是指引起網上討論風潮的文章，通常誇張失實，以戲弄網友為目的，但有時也能反映出當時的一些社會現象

2 用木板間出來的房間，於戰後香港一度流行，為低下階層提供較為低廉但十分擠迫的居住空間。

2

一式一樣的樓海

連名字也重複

公屋庶民或貧民窟形象，既來自其居民都來自低下階層，也來自其密集和沒有個性的設計。為滿足龐大的住屋需求，多數的屋邨都是以量化生產的方式設計和興建。當大量外觀一式一樣的大樓擠在同一空間，然後相類似的屋邨在同區各處重複興建，當中的每一個個體也就變得渺小甚至顯得不重要。

我們以全港人口第二多的屋邨——葵涌邨作為例子。葵涌邨由十六座大廈組成，每座一般樓高三十八到四十層，約八百到一千二百戶，全邨人口達三萬四千人。僅是看高度，在香港以外已是不可思議；畢竟在臺灣，四十層高的大廈在許多市縣已是最高建築了。對於香港近二十年興建的公屋來說，四十層只是最低消費。目前的最高紀錄應該是牛頭角下邨的貴顯樓和貴新樓，樓高四十八層。

住在公屋，就是住在一系列大量生產的小格子當中的其中一格。想像自己與眾不同，可以創一番事業，並不容易。現實是你看著對面的樓，對面樓中的人看

位於新界葵青區的葵涌邨全邨人口大約為三萬四千人，是全港人口第二多的屋邨。

著你，你與我都是無盡樓海中的一粟，沒有誰比誰重要；大家都有如社會機器中的一塊小齒輪，如果有天壞掉了，立即有另一塊可以頂上。

屋邨的大樓不單只每座的樣子都差不多，就連名字也差不多。我是強烈感到負責為樓宇命名的官員愈來愈懶。

從前的公屋，樓宇的名字都十分雅致。例如馬頭圍邨，每座大廈的名字都以花卉為名：夜合樓、芙蓉樓、玫瑰樓、水仙樓、洋葵樓。沙角邨的大廈則以雀鳥為名：沙燕樓、綠鷺樓、魚鷹樓、美雁樓、金鶯樓、雲雀樓、銀鷗樓。蘇屋邨因為「蘇」可解作香草，於是大廈都以芳香的植物為名：牡丹樓、蘭花樓、楓林樓、丁香樓……還有彩雲一邨，每座樓的名字都似是來自文學作品一樣：游龍樓、飛鳳樓、日月樓、星辰樓、時雨樓、甘霖樓、玉麟樓、白鳳樓。

至於屋邨的名字，以前會取用附近的歷史地名，甚至不介意名字聽起來不太友善。例如沙田區的第一條邨：瀝源邨，名字就來自沙田原名瀝源，有清澈河水的意思；但小時候卻聽過街坊有另一解讀：說是「苦澀的源頭」。又或是我長大的禾輋邨，名字來自附近的一個輋族的聚落；「輋」字是一個生僻字，但為禾輋邨命名的官員沒有介意。有些屋邨的名字表面上沒有特別意思，原來也是取自原有地名。例如樂富邨的名字來自當地原稱老虎岩，「樂富」和「老虎」諧音；祥華邨的名字則來自邨旁的道觀藏霞精舍，「祥華」和「藏霞」諧音。

現在的屋邨，無論是大廈或是屋邨本身的命名都是悶得要命，全數按同一格式處理。例如在天水圍的公屋都是「天字輩」：天恒邨，天耀邨、天頌苑……等等，馬鞍山的公屋都是「安字輩」：恆安邨、耀安邨、頌安邨……等等；反正都是該區的名字配一個中華文化中的吉祥字（恆、耀、頌）。至於邨中的各座大廈，則以其邨名再加另一個吉祥字為名，例如頌安邨就會有頌德樓、頌智樓、頌和樓、頌平樓……等等；天耀邨則有耀泰樓、耀盛樓、耀富樓、耀明樓……等等。我有時懷疑房屋署有一張清單，列明有哪些字是可以用，有新的大廈落成時就拿這清單配對。

只有在少數情況，才會在新屋邨見到有心思的大廈命名。例如水泉澳邨其中有八座大廈就以「崇山峻嶺」和「茂林修竹」命名（即崇泉樓、山泉樓、峻泉樓……等），原句來自王羲之的《蘭亭集序》。但間中也有些嚴重失敗的案例：駿洋邨的五座大廈分別是駿逸樓、駿爾樓、駿山樓、駿時樓和駿湖樓，其中逸、爾、山、時和湖是普通話從一唸到五的發音。這做法在本土主義崛起的香港，帶來了災難式的劣評：大多數香港人是說粵語的。

我很介意樓宇命名。因為近年不少公共屋邨的設計都很沒有個性，對提升公屋的社會地位本來就很不利。當連每座大廈的名字都是如此千篇一律，又如何提高居民的認同感和自豪感呢？這些名字的重覆程度，已引來網友整理出名單，其中英文同音的有數十例，中文和英文均同名的亦有不少，例如厚德邨和德田邨都有德康樓，小西灣邨和天瑞邨都有瑞滿樓。

其中最過分的，是天水圍的天耀邨和西灣河的耀東邨，竟然出現四座大廈的中英文名字完全重覆：這兩條邨都同時有耀昌樓、耀豐樓、耀興樓、耀華樓。弄到這個地步，不如回去最原初的做法：以數目字來命名好了。上面提到的葵涌邨，本來在一九六五年落成時有四十二座，各座名字就由「第一座」數到「第四十二座」。反正都是沒有意思的，用數目字命名還有一點功能性，最少可以知道數目字相近的大廈應該都是在附近的，方便找地址。

標準設計

公屋一式一樣的理由很簡單：要量化生產。要解決數百萬人的居住問題，每年就要有過萬的公屋單位落成，預算有限之下很難花太多資源為每座大廈做獨特的設計。

自從有公屋以來，差不多所有的公屋大廈都是按某套標準設計建造，極其量因應所在位置的空間限制（如旁邊有難以削平的斜坡）而做少幅修改。不同年代有不同的標準設計，回應當時的住屋需要和土地供應限制。看這些標準設計的進化，本身就是一部香港社會史。

在解釋公屋的設計前，先說說公屋是誰建的。除了少數重要的例外，香港絕大部分的資助房屋都是由香港政府或房屋協會提供。香港政府早期負責公共房屋的機構是屋宇建設委員會，後來改組為房屋委員會；具體執行機關則是房屋署。至於房屋協會則並不是一個官方組織，而是二戰後由熱心社會人士成立，協助解決難民居住問題；不過因為它經常與政府合作，例如以低價取得政府土地，和承辦一些和樓宇相關的政府計畫，所以一般被公眾視為半官方組織。

最早期的公屋設計稱為徙置大廈，從第一型進化到第七型，一般稱為 Mark I 到 Mark VII，由徙置事務處興建。Mark I 大廈建於一九五〇年代中期，外貌呈H字型，左右兩翼是住房單位，每個單位約十一平方公尺（一平方公尺約為〇・三坪），人均面積是每位成人二・二平方公尺，每位兒童一・一平方平方公尺。單位一般不設獨立廚房和廁所，居民要煮食或上廁所，就要到中間連接兩翼的位置使用公共廚房和廁所。因為第一和第二型只有七層高，俗稱「七層大廈」。

徙置大廈的出現是為了應付當時從中國大陸湧入的難民潮，差不多是有瓦遮頭就行。當時邨內也沒有什麼設施，學校就蓋在每一座樓的天臺，稱為「天臺小學」；獨立的「火柴盒小學」校舍要到一九六〇年代中期開始出現。欠缺獨立廚廁當然帶來很多不便，居民之間常有衝突，公用浴室亦欠缺私隱，更要擔心偷窺狂出沒。

位於灣仔區的勵德邨，其命名由來是為了紀念公屋之父鄔勵德。有如圓筒般的大廈在今日看來仍顯得科幻而不過時。

後來徙置大廈的設計慢慢改善，到一九六〇年代興建的第四型開始設有獨立廚廁；到了一九七〇年，人均面積才增加到每位成人三．三平方公尺。說到這兒，就一定要提一提有「公屋之父」之稱的鄔勵德先生（Michael Wright）。

鄔勵德生於香港，長年於香港政府工作，曾於一九六〇年代任職政府工務司，因此參與政府的公屋興建。此外，他長年擔任房屋協會的執行委員會委員，亦影響了房屋協會的建屋設計。早於一九五〇年代，在他的推動之下，由房協興建的屋邨已在每個單位設有獨立廚廁，比當時政府興建的徙置大廈還要好。

鄔勵德的獨立廚廁主張在當時被稱為「鄔勵德原則」，代表香港資助房屋居住環境的日漸進步。於一九七六年落成的房協屋邨勵德邨，便是以他的名字命名，以紀念他對香港公共房屋的貢獻。勵德邨本身也是香港公屋發展的一個創舉，其中有兩座大廈是圓筒形設計，中間設有圓形中亭，看起來十分科幻，常常被用作電影和電視劇集的場景。

說回徙置大廈。絕大部分第一型到第六型的大廈都已拆卸。除了因為居住條件較差之外，建築質量問題也是原因之一。一九八〇年代初，有剛落成不久的公屋有混凝土剝落，經檢驗後被揭發興建時偷工減料。本來混凝土的強度要求是20到30 MPa，結果檢驗出檢卻有樣本竟然連3 MPa都不到。政府隨即檢查其他樓宇，結果發現多達五百七十七座大廈有結構問題，其中二十六座有即時倒塌的危險，事件因此被稱為「二十六座問題公屋醜聞」。現時香港不少屋邨都是重建後的第二

位於新界葵青區的石籬中轉屋，屬第四型徙置大廈，已於二〇二二年底拆除。

代，翻查歷史往往與此醜聞有關，可說是香港過去一度貪汙盛行的時代見證。

如果想看原始狀態的早期徙置大廈，現在恐怕來不及了。仍被用作公屋的舊式徙置大廈還剩兩座，分別是原石籬邨的第十座和第十一座，落成於一九六六和六七年，現時為石籬中轉屋，用作收容因拆除僭建（違章建築）或受天災影響而需臨時安置的人士。不過政府已於二〇二二年底將這最後兩座的早期徙置大廈拆

美荷樓是石硤尾邨最早的八座徙置大廈之一，現已改造成公屋博物館和青年旅社。

除，有不少市民特別前往拍照留念。

到了石籬中轉屋也拆卸後，要看早期徙置大廈就只剩下原石硤尾邨的美荷樓了。石硤尾邨往往被認為是香港公屋發源地，美荷樓建於一九五四年，是石硤尾邨首八座徙置大廈之一。到了二〇〇〇年代，石硤尾邨逐步拆卸重建，美荷樓因為歷史原因獲得保留。幾經轉折，美荷樓被納入「活化歷史建築伙伴計畫」，地下和一樓變成公屋博物館，二樓以上則改為青年旅舍，供公眾短期租住。當然，翻新後的旅舍設施齊備，相對於往日的居住環境完全是兩回事了。

徙置大廈和其他同期的長條形大廈，後來被統一稱為舊長型設計。之後的公屋又發展出其他的標準設計，按外觀稱為大十字型、雙塔型（俗稱井字型）、工字型、I 型、新長型、相連長型、梯級型、Y 型、和諧型、康和型、新十字形，到現時最新的非標準設計。因為不同類型的流行時期不一樣，所以有時走進一條屋邨，看見大廈的外觀，已可猜到該屋邨大概的落成時期。例如 Y 型大廈都是落成於一九八〇年代中期到一九九〇年代初期，之前之後都沒有。

對於公屋設計和生活經驗的分析，學界有不少研究，並以生命政治作為分析框架，討論公屋居民的私人生活如何與設計本身相適應。剛才提到最早期的徙置大廈不設獨立廚廁，後面帶來的私隱問題就是一例。此外，當時徙置大廈單位的大小傾向一式一樣，分配單位以每個單位容納五名成人為原則，十歲以下以半個人計算，在實踐上有時便會出現一個單位之內有多於一個家庭的奇怪現象。

後來的公屋除了加入獨立廚廁，單位大小也變得有彈性，能因應不同家庭成員的數目提供不同大小的單位。到此，家庭作為一個社會單位得到政策的尊重。有學者更進一步認為政府有意識地通過公屋的環境「打造家庭」，讓家庭成為維持社會穩定的力量。

前文提及單身成年人申請公屋幾無可能，可以說，申請公屋的第一步是得先找個伴侶結婚。至於對新屋邨新移民較多的指控，反過來想如果申請人是一名失婚中年男性，在香港認識伴侶時不受歡迎，那麼他到中國大陸找一名比他年輕的失婚女性結婚然後申請公屋，其實是個很理性的生命策略。一方面他可以加快獲得編配公屋，也可期望自己年老後會有伴侶照顧（香港的老人退休保障可不是一般的差）。個人的生命選擇，後面往往都被某些政策原則所推動。

除了大小，還有公屋單位本身的設計。我長大的公屋單位是一個簡單的長方形，除了廚房和廁所之外沒有任何房間布局。在我成長的二十年間，父母用過各種方法用木板把單位間開為不同區塊，為家中各人提供（十分有限）的私隱，儘管到最後還是無法滿意。現在的公屋就不是這樣了。我曾和一位前房屋署建築師談過，提到現時新建的公屋在規劃設計時已預設居民入伙後會如何自己增設房間；建築師在設計時還會模擬傢俬放置的位置，「確保房間放得下一張床」。

另一個來自我成長經歷的發現，是以前的公屋居民都不關門。公屋單位的門一般是有兩重的：向內是一道木門，外面還有一道防盜鐵閘。我們家小時候一般會把木門打開，把防盜鐵閘關上，那樣就可以通風，夏天也不用開空調。那時大多數住戶都會這樣做，沒有太多人介意私隱問題；反正你與我都是低下階層，有什麼好比較，最多加一塊布當門簾。正因如此，如果某天晚上有電視劇大結局的話，從各家各戶電視傳出來的聲音是全座大廈都聽得見的。後來我發現私人大廈的住戶是不會這樣做的，可能大家會更介意私隱，也可能是私人大廈的設計一般不會因為你打開大門就會變得更為通風。反正這個打開門的習慣，很多人會解讀為屋邨人際關係比較好，屋邨生活比較有人情味等等。我承認小時候我們家煮飯時的確有時會向鄰居借糖借鹽，但我總懷疑所謂的人情味其實是歷史時代產物多於建築設計使然。

每一階段的公屋設計，都有嘗試回應舊有設計的缺點。例如以前的公屋會在窗外預設幾個鐵孔，讓居民可以把衣服掛在竹枝再插上去來晾曬；這些「晾衫竹」在外面看起來，常常會被形容為「萬國旗」，十分壯觀，可說是早年公屋景觀特點之一。後來因為發生多次衣服和竹枝掉到街上傷及途人，才設置固定的金屬支架作晾曬衣服之用。不過由於支架的位置設於大廈凹位，陽光照射時間不足，引發不滿後，又發明了第三、第四種的設計。僅僅是公屋居民如何晾曬衣服這回事，本身已可寫一篇文章。

雖然經歷多個年代的演變，今天的公屋設計仍然面對各種批評。例如有一種近年的單位設計是一進門口就會見到廁所，引來劣評如潮。會出現各種問題，原因又是回到大量生產的需要。近年公屋都是以「預制組件」方式興建，即是大廈的外牆、樓板、樓梯等等都是在外地的工場預先製造，再運到香港的工地組裝。這種建製工法節省時間和成本，但就相對欠缺彈性。加上香港法例對住宅建築有各種通風和採光等要求，審計部門又要求政府要盡用土地興建房屋以減輕輪候「上樓」的壓力，建築師可發揮創意的空間十分有限。

討厭和諧一型

各種公屋設計當中，最常被用來代表公屋的設計應該是井字型。井字型的正式名稱為雙塔式大廈，由兩個中空的方型組成，於對角扣連。每個方型的四邊是住戶，中間是天井。從天井最底處拍上去，幾何構圖十分突出，所以常常被用作公屋空間的視覺代表。

我就是在井字型公屋長大的，井字型設計的好處我可以如數家珍。首先，因為中間天井十分廣闊，所以每一戶的通風都非常之好。此外，由於走廊圍繞天井，變成無論任何人出入，對面樓上樓下都可以見到，增加安全感和鄰里互動。相對來說，例如 I 型公屋的走廊因為兩邊都是住戶，除了兩頭有自然光，也就

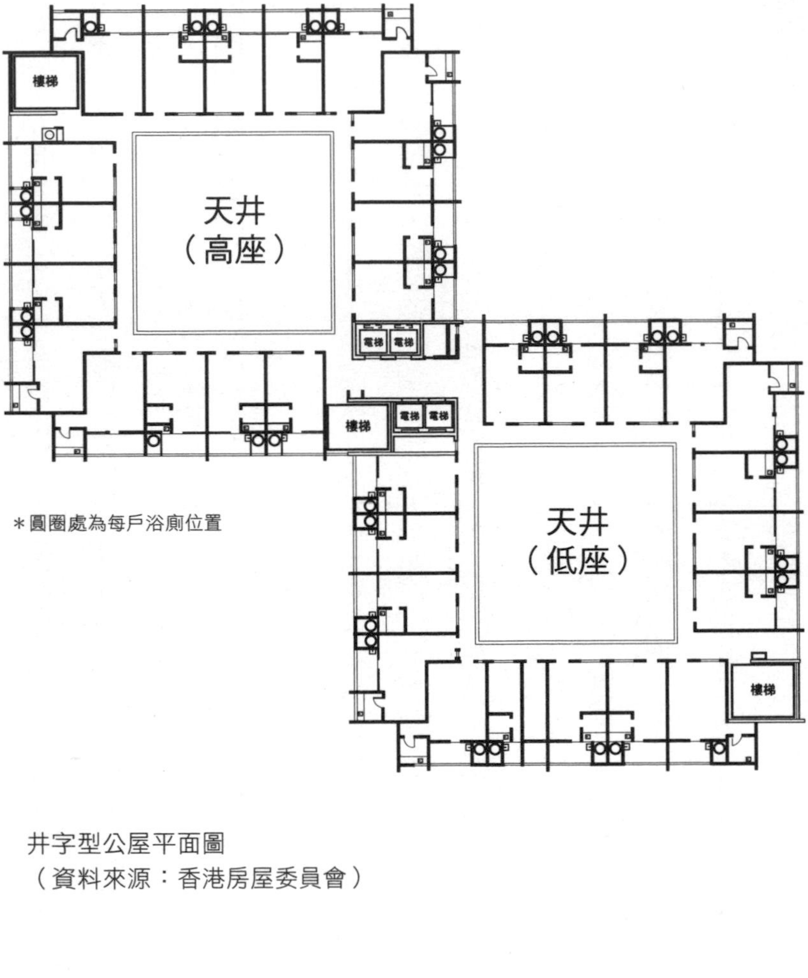

井字型公屋平面圖
（資料來源：香港房屋委員會）

漆黑一片，構成安全隱患。

井字型有三條樓梯，中間一條，兩邊對角各一條。因為走廊是方型的，所以每條樓梯之間都有兩條路線連接。對於屋邨小孩來說，這就是一個現成捉迷藏的場地。我數不清小時候有多少時間，就在這些樓梯和樓梯之間和其他的屋邨小孩互相追逐渡過。

說到玩，中秋節的時候，井字型的小孩子還有一個獨有的遊戲可以玩：沿走廊的圍欄點蠟燭。如果剛好同層有幾戶人的小孩在做這件事，讓燭光可以全層圍繞一圈，看起來就十分壯觀。不過現在公屋管理遠比我小時候要嚴格，大概不可能再這樣玩了。取而代之的，是把一串串點亮的燈籠掛在天井，高低相戶交錯，又是另一種鄰里活動。

當然，反過來說，井字型的各種好處，也可以變成是壞處。井字型通風很好，但向天井一邊的通風窗面對走廊，打開了窗就等於讓路過的人看進來，欠缺隱私。井字型的三條樓梯四通八達，如果真的有賊人出沒，要抓到人也不容易。

新界沙田區禾輋邨的一座井字型大廈。這裡也是作者的老家。

中空的天井從高往下望，就像是個無盡深淵一樣，於是井字型的另一特點就是「自殺勝地」。以前公屋沒有什麼保安可言，邨外的人可以特別來到井字型大廈，乘搭升降機到最高層，然後一躍而下。知道邨中某座樓又有人跳樓自殺，是我兒時記憶的一部分。雖然只是小孩，我卻已對有人在自己住的大廈跳樓自殺十分麻木，只會輕輕問一句：是我們這邊井嗎？

井字型和同期的工字型設計到了一九八〇年代早期起不再用於新建屋邨，主流設計被Y型大廈和新長型大廈所取代。我懷疑井字型的沒落正正是因為其方型設計，使得在規畫上不靈活。公屋設計的演進，一直離不開「盡用土地資源」的陰霾。排隊輪候公屋的人這麼多，尋找可供興建公屋的土地又這麼難，找到合適地點後如不「盡用土地資源」，好像很難向社會交代。如果要分階段去看的話，我會說最早期徙置大廈年代的公屋固然是一片樓海，到了一九八〇年代的公屋規畫相對來說較有空間感，但是到二〇〇〇年左右又回到樓海景觀，直到最近期才開始有所改善。

說到這兒，我就得狠狠地批評一下為什麼我不喜歡和諧一型公屋。我這兒說的和諧一型，除了是官方定義外，泛指各種一九九〇年代和二〇〇〇年代被廣泛採用的十字形設計，我認為它們的出現對屋邨整體規畫是一個倒退。

在我走遍全港二百多條公共屋邨的過程中，我特別對三處地點的樓海景觀感到震撼：藍田、慈雲山和天水圍北。這三個地方都是公屋特別多的地區。整個藍田從頭到尾，有五十五座公屋和居屋大廈；慈雲山有四十四座；天水圍北則是嚇人的七十五座。在三處地點當中，又以天水圍北最為讓我感到有壓迫感，有如置身反烏托邦電影場景當中。

天水圍北的公屋和居屋不只多，而且密集。天水圍北的公屋和居屋主要有和諧一型、康和型、新十字型，和以十字型為基礎的非標準設計。嚴格來說，它們屬於不同類別。實際上，除了每層單位數目不同之外，它們看起來都十分相似，都是十字型的外觀。加上現在的公屋比以前的要高很多，如是者，從遠處望過去，整個天水圍北都是一堆堆近乎相同外貌的大廈。前文提到「悲情城市」的說法，先別說提供的社會服務夠不夠，就是看外觀，也已經很有壓迫感。

以前的屋邨不是這樣的，不同的外觀設計會混在一起，而且每座高低有別。禾輋邨落成時有十二座大廈，當中六座是井字型，兩座是單工字型，一座是雙

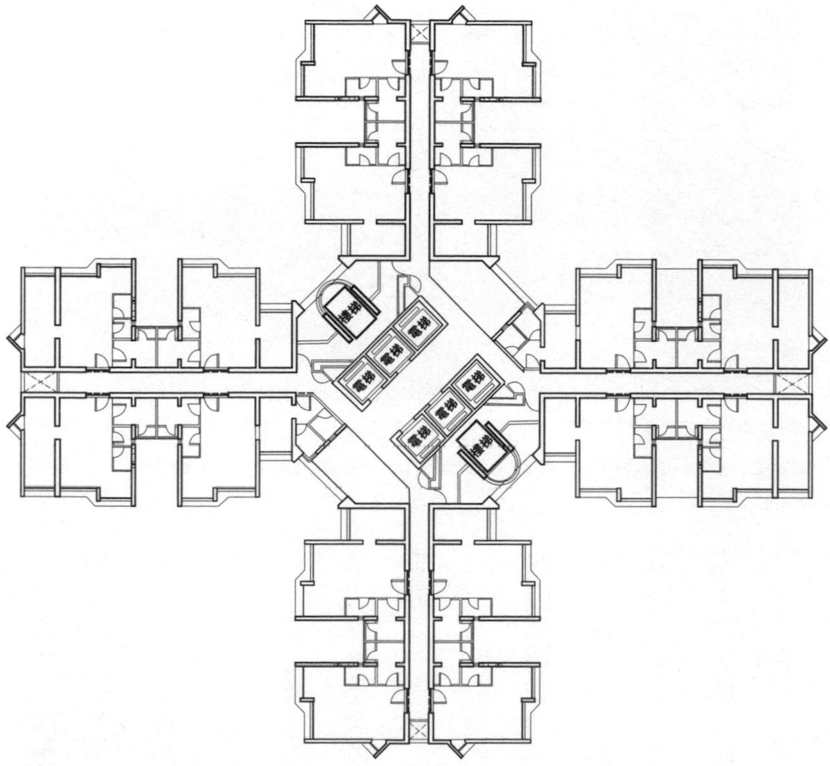

和諧一型（又稱十字形）公屋平面圖
（資料來源：香港房屋委員會）

位於黃大仙區的慈雲邨（前面兩座）和慈康邨（中間靠後）皆屬十字型大廈。當整個公共屋邨都採用此種形式，視覺上會十分壓迫。

工字型，三座是舊長型；又例如太和邨，九座大廈當中六座是Y型，三座是新長型。即使個別的大廈設計都是「複製－貼上」一般的一模一樣，不同標準設計的混搭仍能為屋邨的環境增加趣味和生氣。

為什麼這些十字型的設計，會取代過去的其他標準設計？有說法指香港的私人住宅大樓通常都是十字型設計，資助房屋也用上十字型外觀看起來會高級一點。我想到一個更簡單的理由：

新界北的天平邨屬 Y 型大廈，多落成一九八〇年代中期到一九九〇年代初期。

十字的設計，布局上可以十分靈活：排成一整列又可以，密鋪平面亦可以。換言之：「盡用土地資源」。

我們以天水圍北的天逸邨為例，住宅大樓的範圍大約有二萬平方米，擠了九座新十字型大樓進去，人口一萬四千多人。我們再看看將軍澳景林邨的景楠樓、景棉樓、景桃樓，以及同期發展的浩明苑，同一範圍的面積比天逸邨還要大一點，有二萬二千多平方米。但是這兒只有四座 Y

型大廈，按每座 Y 型大廈人口一般約二千到二千五百人推算，四座加起來應不足一萬人。

景林邨這邊人口密度必然是相對較低的，因為上述的四座大廈都是 Y 型大廈，而這 Y 型大廈在本質上是不容許你把它們建得過於密集的。Y 型大廈顧名思義，就是每座都由三翼組成，每翼以一百二十度隔開。如果把大廈以邊貼邊的方式對齊，則要六座大廈才剛好繞一圈，中間必然會留下一個相當廣闊的方間。就算好像景林邨這樣略為調整座向，只放四座大廈，中央剩下來的位置也不會少。

問題的關鍵，是你如何看待這「剩下來的位置」。如果你要「盡用土地資源」，你會覺得這空間不能拿來建房子，是浪費。但一條屋邨所需要的，很明顯不只是房子。景林邨的那個中央位置，設置了一個大型公園，當中還有小橋流水，供居民休憩之用。在天逸邨，就完全沒有在邨內預留同樣的空間。不想小孩子困在家中嗎？天逸邨內的兒童遊樂設施都擠在大廈之間的狹小位置。這樣看來，天水圍北的社會問題，更可明確視為是規畫問題。要找像景林邨那樣的廣闊空間給小孩子奔跑嗎？天水圍北也有，但不是每一條邨內都有，而是數條邨共用一個公園，這樣產生的社區凝聚力就已經很不一樣。

當然，不是說所有和諧一型或類似設計的公屋就必然密集。這個設計容許密集，但之所以布局弄得如此密集，後面還要考慮到時代背景。九七前兩年，英方因為要光榮撤退，中方因為要歌頌民族復興，兩邊都大力讚好香港。香港人在對未來盲目樂觀的情緒下，房價瘋狂標升，政府於是大幅增加房屋供應。董建華上任後，提出每年房屋供應不少於八萬五千戶。不單只資助房屋，同期就連私人屋苑的發展密度也大幅增加。在一九九〇年代末到二〇〇〇年代初建成的社區，樓海景觀都十分普遍。

我認同香港的土地壓力特別大，連帶對公屋規畫設計的限制也會比較多。曾有電視臺到外地拍攝其他地方政府提供的公營房屋如何美輪美奐，節目名為《人住公屋　我住公屋》。他山之石當然有值得參考之處，但我認為要拿來和香港直接比較是有點不公平的。香港的需求要大得多了。

這樣說來，把房子建得一式一樣，是否就是香港土地壓力之下無可避免的結局？我不同意。香港的土地資源，不患寡而患不均。要說浪費土地資源，去看看那些大而無當的公共設施，去看看新界的棕地[1]和丁屋，[2]去看看解放軍的軍營……遠遠還未輪到在屋邨內預留多一點呼吸的空間。香港的土地壓力亦不完全是物理問題，後面也有土地政治的因素，這條問題已有很多專著評論了。

形隨機轉

或者我們換個角度去想，公屋外型千篇一律，是因為公屋設計忠於功能至上，所有設計都是為了滿足某些需求所服務，也就是所謂的形隨機轉（外形應隨機能而改變）。曾經有段時間，公屋每個單位都設有陽臺，可以種花和晾曬衣物；然而不少公屋居民覺得陽臺空間可用，自行把陽臺改裝成廚房，原來的廚房則改成睡房。有見及此，新建公屋的陽臺面積大幅縮小，甚至索性不設陽臺了。

不過，要說到形隨機轉，就不得不同時回顧這句話本身的爭議。說外形要為功能服務，其實是隱去了對「功能」本身的討論。正如上面提到，一條屋邨的規畫，是否只有提供住宅單位把人塞進去，滿足輪候年期指標的這個功能？人們住進去是否過得舒適，找不找得到社會服務，小孩子有沒有遊樂設施，這些不都是功能嗎？回到陽臺的例子，不是住戶不想要陽臺，而是他們更想要睡房；兩個功能的需求都存在，住戶只是被迫取捨而已。

推而廣之，一些看起來是裝飾品的設計元素，同樣背負重要功能。例如禾輋邨在落成的時候，邨中有三座相鄰的井字型大廈分別在外牆塗上了三種顏色：藍色、綠色，和橘黃色。鄰里之間要說自己住在哪一座樓，可以很親切地說「藍色嘓座」（藍色的那一座）。最近我在媒體活動中遇到一位朋友，他知道我最近在寫關於公屋的故事，告訴我他也是禾輋邨長大的。他說他以前住富和樓，我的第一反應就是：「哦，綠色嘓座」。後來，這三座大廈外牆翻新，不知道是否為了節省成本，都換上了完全相同的顏色。我不能再說「藍色嗰座」，覺得心中好像忽然失去了一小塊。

讀得太多社會科學的我，見到「形隨機轉」這四個字，第一個想到的問題是「什麼是功能」，第二個想到的問題是「什麼不被視為是功能」，第三條問題就是「誰人負責回答這條問題」。換言之，我立即想到權力。

我聽過不少房屋署前建築師對設計被打回頭的埋怨。最明顯的例子，就是屋邨中的各種大型水景，例如噴水池和中式流水庭園。很多屋邨都在中央設有大型水景，作為園境焦點，在香港的夏天也有消暑降溫之用。不過這些水景近年往往都被荒廢，乾涸的比仍有流水的還要多。後面的原因，是官僚主義的少做少錯。有流水，就要保養，要管理。如果不幸有小孩子嬉水遇溺，更是承擔不起。設計師一片苦心想改善環境，管理者眼中卻只嫌麻煩，不如鋪平水池多放兩個涼亭給老人乘涼下棋實際。如是者，很多新建屋邨都開始避免設置大型水景，反正蓋了也不會被利用，無謂浪費空間。

另一個相似的例子，是過去不少屋邨都會設有大型露天劇場，原意是方便居民舉辦邨內活動。就我粗淺的觀察，如果是簡簡單單一個有蓋平臺面對一個小廣場的那種，平常還是會用得到的；就算沒有活動，居民還可以自發在小廣場打羽毛球之類。但是有些比較大型的露天劇場，特別是附設半圓型梯級座位的那種，則近乎一年三百六十五日都是空置狀態。我問過一些會到屋邨搞社區活動的表演者，他們覺得這些大型露天劇場不太合用。當代表演要有後臺有燈光，它們都提供不了，還不如在邨內球場按每場活動的需要搭一個臨時舞臺出來。站在觀眾角度，那些半圓型梯級的石質座位也很不舒適。

類似的設計落差，當然並不限於公屋，在其他政府工程當中也十分普通。流行說今天的兒童遊樂場沒有以前的好玩，因為今天太過講究安全，很多過去的設施已被視為危險；公眾對舊式遊樂場的迷戀，甚至引發傳媒專題尋找尚未被拆除的舊式螺旋形鐵皮滑梯，還有民間研究者出版專書討論一九六〇到一九七〇年代的兒童遊樂場的設計如何走在時代尖端（但這不等於現在就沒有有趣的設計）。

經典賀歲片《嚦咕嚦咕新年財》中打麻將的場景，就在祖堯邨拍攝。它的「錯層式井字型」設計非常具有辨識度。

又例如路旁樹蔭本來是為城市熱島減溫的重要方法，然而每當樹木長得太高就會引來蚊蟲滋生，跟著便會有居民投訴。很多聲稱代表功能主義的簡約設計，後面恐怕亦有減省日後維修保護開支的考量。

我不是說所有的公共建設都必然是乏味和欠缺個性，建築師意圖在新建屋邨中營造特色地景的嘗試也有不少，往後會逐一談到。我想指出的是這些嘗試無論成功與否，都是處於一個制度環境當中的。

香港也有不少「特色屋邨」的規畫設計是廣受好評的。除了上文提到的勵德邨外，另一個常見例子是荔景的祖堯邨。祖堯邨採用的錯層式設計，每三層才設有一個的升降機大堂，當時在香港十分罕見。露臺式走廊和大型的開放式大堂加強了通風和採光，亦有助建立鄰里關係。電影《嚦咕嚦咕新年財》當中屋邨街坊在升降機大堂打麻將的一幕，正是在祖堯邨拍攝。此外，祖堯邨也是全港首個自設泳池的屋邨。

為什麼祖堯邨可以起用大量獨特設計？注意祖堯邨不是房委會的屋邨，而是房協的。勵德邨也是房協的。留意房協不算政府部門，追趕指標的壓力沒有那麼大，相對可承擔「實驗室」的角色，做一些另類嘗試。

再細心一點鑽研下去，既然形隨機轉，屋邨居民的需求會隨時間和地點改變，屋邨設計也應有所不同。例如剛才提到我老家那座井字型大樓的三條樓梯，除了是小孩追逐遊戲的樂園，也方便賊人潛伏和逃跑。類似的設計在早期的公屋十分普遍，一座大廈往往有多條樓梯通到地面，提升消防安全。後來全港屋邨增設保安系統，為原來設計四通八達的地面出入口加上閘門，只留下少數要按密碼進入的通道，並且增設保安更亭，有保安員全日駐守。

這些改變回應了外界認為公屋治安不佳的印象。至於是否真的有用？老家的大廈密碼好像很多年都沒有改過，外人要找到並不困難。近年我回老家看望父母，總是不記得大廈密碼，於是每次都是趁有居民進出時順道進去；如果遇不上，大堂保安也樂意開門給我這個看起來不像壞人的陌生人。倒記得從前過農曆年時會有童黨上門喊「接財神」討紅包（其實就是收保護費），現在好像沒有了，不知道是治安好了還是童黨都長大了。

我也發現不是所有的屋邨都有增設這些保安設施。在我走遍的二百多條屋邨當中，有四條邨是沒有密碼大閘，路人可以隨意走進各座大廈的。這四條邨分別是大澳的龍田邨、梅窩的銀灣邨、長洲的長貴邨，以及石硤尾的大坑西村。前面三條邨都位處離島鄉郊，本身就沒有多少閒雜人等，所處環境明顯安逸散漫，也就不需要那些保安設施。至於大坑西村雖然位處市區，卻是香港極少數不是由房委會或房協提供的屋邨，而是香港平民屋宇有限公司興建和管理。這個團體被指沒有投放充足的資源管理大坑西村，土地持有人近年一直和政府商討如何把屋邨拆卸重建，所以早前增設保安設施的浪潮也就沒有影響到這兒了。

---

1. 棕地（brownfields），在香港多指新界鄉用於臨時用途的廢棄農地。
2. 指新界小型屋宇政策（New Territories Small House Policy），是香港新界原居民的男性後人（即「男丁」）獲准在私人土地興建的房屋，為香港英治時期沿用至今的政策。

3

批判公屋史

石硤尾之謎

形隨機轉的討論，從一棵樹或一個噴水池出發，可以一直擴展到整個公屋政策。為什麼香港會有公屋？政府興建公屋本來是要滿足什麼「功能」？

到房委會網站按下「公屋歷史印記」的專頁，它會告訴你一個大多數香港人都耳熟能詳的故事：公屋是從石硤尾大火開始的。

按網站所述，回到一九五〇年代，因為「內地政局變動，很多人湧入香港」，所以產生了住屋問題。所謂的政局變動，當然是指國共內戰，很多人因為害怕共產黨而逃來香港。不過既然是官方網站，也可理解為何這點寫得不清不楚。之後網站說這些湧入香港的人導致寮屋（即非法的臨時房屋）數量激增，這些居所擠迫簡陋、環境惡劣，火警頻生。終於，在一九五三年的聖誕夜，石硤尾寮屋區發生大火，五萬名居民一夜之間無家可歸。政府首先於原址興建多幢兩層高的平房（稱為「包寧平房」，以當時的工務局局長命名）安置災民，之後又斥資與建多層徙置大廈。這些建設逐漸演變成今日的公屋。

以上就是香港公屋起源的官方說法。除了在房委會網站外，各處介紹公屋歷史的展版和展覽，都說著同一個故事。香港中小學教科書提到公屋起源，也是用「一九五三年的聖誕夜，石硤尾寮屋區發生大火」作為開始。「安置災民」的故事重要，因為它為公屋政策提供定位：它是一種「福利」，是政府善治的一種體現。在世界各地的反殖浪潮之下，在中國大陸處於政治動盪之時，香港政府透過提供大量公屋單位，表示出它的管治能力和社會關懷。

有段時間我在香港大學地理學系任教城市地理學，我問學生香港為什麼會有公屋，他們給我的也是標準的中學教科書答案。我之所以要在大學課堂問這條問題，是因為在學術上，「石硤尾大火作為香港公屋起源」這一點，其實有相當多爭議。

既然要說歷史，我們不妨先問一問，香港現存二百多條屋邨當中，樓齡最高的是哪一條邨？答案是鯽魚涌的模範邨，首座大廈落成於一九五二年。慢著！

一九五二年？那不是比石硤尾大火還要早嗎？是的。模範邨的存在，本身已很大程度上推翻了「石硤尾大火作為香港公屋起源」的說法。你可以說政府自行興建的徙置區是從石硤尾大火開始的，但獲政府支持的資助房屋，則要開始得更早。房協成立於一九四八年，它們所發展的首個出租屋邨上李屋也是落成於一九五二年，同樣比石硤尾大火要早（上李屋已於一九九〇年清拆）。

這不是純粹蛋頭學者對於公屋歷史是早一年還是晚一年開始的吹毛求疵，而是模範邨和上李屋的存在，說明香港政府於石硤尾大火之前已在探索如何提供資助房屋。石硤尾大火或者加速了政策形成的過程，但思考的起點明顯不限於安置災民，後面還有其他的考量。

在解釋學術界對公屋起源的爭議之前，先說明為什麼「社會福利說」這麼值得懷疑。今天不少香港人懷念港英時期的善治，但港英政府對香港社會的投資其實出現得相當晚。在英國管轄的一百多年當中，英國人在大多數時間其實不大理會香港各種民間疾苦。

首先，殖民管治不只一種，不是所有的殖民者都追求把殖民地完全變得和宗主國一模一樣。站在英國人的立場，他們理解香港絕大多數都是華人，對中國有某種意義下的文化認同。英國人不追求所有的香港人都要變成英國人，只要他們在政治上不易受中國的政治局勢所煽動就很足夠。在此以外，華人社會的事情應該管得愈少愈好。

英國人來香港是做生意的，一開始就設定為自由港，進出口都不打稅。要確保香港政府不會為英國構成財政負擔，又不會任意向（在香港做生意的英國）商人徵稅，所以提供社會福利從來都不是早期殖民地政府的重點，政府只要提供最基本的服務即可。因為這原因，今天香港很多醫院和學校都由宗教團體開辦，因為香港開埠早期很多社會服務都由它們承擔。避免政府開支增加的傾向在港英政府一直存在，九七前政府以「積極不干預」和低稅政策為榮。來到今天，香港的老人和勞工保障仍然在發達社會當中明顯較差。

正正在這個背景下，香港有四成多人口居於資助房屋，而其原因普遍被視為政府想向大眾提供的基本保障，就顯得十分之不正常。為何處處自詡為自由放任經濟典範的香港政府，在房屋這一塊干預得這麼深？如果香港政府真的愛民如子，為何在其他領域就沒有同等力度的介入？

如是者，各門各派的學者也就開始了他們尋找「真正公屋起源」的研討。談公屋政策，學術界最常談到的著作是一九九〇年由著名學者 Manuel Castells 所寫的 *The Shek Kip Mei Syndrome: Economic Development and Public Housing in Hong Kong and Singapore*（石硤尾症候群：香港和新加坡的經濟發展和公共住房）。作者以香港和新加坡的公營房屋為題，認為公屋的出現要和當時香港快速發展的出口輕工業一起看。快速工業化的香港社會需要大量的廉價勞動力，而私人市場高昂的租金對此構成障礙。大規模提供租金低廉的公屋，其實是對工業家做出間接的工資補貼；事實上，早期的公屋都設於工業區附近，例和新蒲崗和觀塘的工廠附近都是公共屋邨，像是政府免費幫工業家興建工廠宿舍一樣。

這種觀點很有革新性，容許我們倒過來思考公屋的起源：公屋表面上是個花錢項目，但在更廣闊的政策環境下其實對政府來說是個賺錢項目，居民獲得更好的居住環境只是副作用而已。

依據這個思路，我們甚至可以說興建公屋幫助香港政府賺得盆滿缽滿。土地是香港最寶貴的資源，任由大量土地被非法寮屋所占用，從公共財政來看就不太理性。建一座多層大廈，把本來住在一兩層高非法寮屋的居民都遷進去，騰出來的空間遠比興建公屋所需的成本更有價值，實是本小利大的好交易。

再想下去，殖民者要思考的利益又何止於公共財政？香港歷史上爆發過多場疫症，英國人因此一直對華人社區的居住環境十分關注，提出各種通風和採光的要求。畢竟疾病沒有界線，華人社區的疫情會傳到白人社區。然而華人社區的領袖往往會反對這些管制，因為他們通常也是房東，提高住屋條件就等於限制他們的租金利潤。公屋的興建讓殖民者可以直接決定房屋的形態，並確保管理水平符合安全標準。由此延伸出去，公屋可以成為一種城市管理甚至監控手段。最少如果有間諜的話，在有門牌號碼和住戶登記的公屋當中抓人，要比山邊的非法寮屋容易。

來到二〇〇六年，另一本關於公屋起源的重要著作 *The Shek Kip Mei Myth: Squatters, Fires and Colonial Rule in Hong Kong, 1950-1963*（石硤尾的迷思：香港的寮屋居民、火災和殖民統治，1950-1963）出版。作者 Alan Smart 通過翻查英國檔案館的解密檔案，回應了先前研究的不足，總結了他過去的一些觀察，並提出新的觀點。

作者首先指出，如果目的只是提供廉價房屋，任由山邊非法寮屋繼續擴張也做得到；如果只是為了開發土地，則把這些非法寮屋趕得更遠就行，沒有必要提供安置。問題是戰後香港經歷過一段社會不穩定的時期，既有一九五六年右派發動的雙十暴動，又有一九六七年左派發動的六七暴動。港英政府判斷社會持續不穩，會為北京政權接收香港提供藉口，維持社會穩定成為政府首要任務；公屋讓來港難民感到可以落地生根，正是一種穩定社會的政策。

此外，Alan Smart 也指出公屋的出現不是僅僅由一場石硤尾大火所決定的。

正如先前提到，在石硤尾大火之前已有一些興建資助房屋的嘗試。而按當時的政府檔案所述，到了石硤尾大火之後，也不見得便立即下定決心大規模建屋。翻查紀錄，要到了一九五四年七月大坑東的另一場大火，徙置的實驗才開始變成制度。他在檔案中也翻出各部門之間的矛盾，以及其他相關政策的失誤。

到了一九七三年，時任港督麥理浩訂下「十年建屋計畫」，要在一九八二年之前為一百八十萬香港居民提供公屋單位。同期發生的，是麥理浩大力開發新市鎮，例如荃灣和沙田（要不然哪來土地興建這麼多公屋）。「十年建屋計畫」最終沒有達標，到了一九八七年才為一百五十萬人提供了公屋單位，但這個建屋規模仍然是世間罕有。除了建屋之外，麥理浩任內還為香港的現代化做了很多事情，包括興建地鐵，創立廉政公署，確立九年免費教育，建立社會福利制度等等。今天香港人回憶港英政府的善治，所指的往往是麥理浩時代和以後的黃金時間。

正如 Alan Smart 的總結，大規模興建公屋以及一系列一九七〇年代的社會改革，和當時中英政治角力密不可分。麥理浩預期到九七問題的來臨，改善香港管治是增加未來談判籌碼的手段。麥理浩曾經在一份一九七四年的外交通訊中提到：「假如我們把香港搞得一塌糊塗，以至它變得貧困枯竭到中國無法在它身上取得好處的程度，而它的國際地位亦相應低落，我看不到任何理由中國不索性就立即收回香港。」在另一份一九七三年向英國提交的報告中，他坦然說明各種房屋、教育和社會福利改革背後的政治目的：「傳達一個信息，五六十年代大量難民湧至而造成的不確定環境已成過去」，「旨在令市民的注意力聚焦於香港乃他們的家，而香港政府是他們的政府」。

既然公屋是香港夾在中英之間的政治產物，那麼九七後二元政治格局消失，香港政府是否也不再有壓力要廣建公屋？是，也不是。九七後的數年，董建華在要證明中國人比英國人更能管好香港的雄心壯志下，持續對房屋供應的追求，公屋輪候時間也在他任內大幅下降。但正如前文所述，這下降其實剛好是伴隨經濟衰退和樓市崩盤而來的。之後的曾蔭權政府在建商的不滿下嚇怕了，在新的土地開發上放軟手腳。到二〇〇八年全球金融危機後，樓價在五年內翻了一倍，但土地開發卻未能即時跟得上去，公屋輪候時間再次暴升。與此同時，新的政治壓力出現：官方論述認定香港近年政局混亂的深層原因是年輕人買不起房子才出來搞事（這當然是嚴重的過度簡化甚至是誤讀），於是房屋供應又再一次成為政治議題。

這些相對批判性、對公屋起源的思考，都沒有被納入中小學的課堂當中。我在大學出考試卷問這條問題，誰回答「公屋源於石硤尾大火後發展出來的社會保障」，就肯定是沒有來上課的學生，只是把中小學教科書的內容背給我聽罷了。主流故事確實也比較好聽，對維護政府管治有利。

商場有冷氣

說了一大堆我對公屋設計的不滿，我想我有必要做一個很重要的補充：所謂「公屋都是一式一樣」的問題，來自不同層次政治上和制度上的壓力；但即使在這些壓力之下，仍然不難找到建築師嘗試在屋邨的規畫設計中尋求突破。事實上，私人發展因為要面對營利壓力，建築師首要考慮滿足建商和顧客的需求，發揮創意的空間可能比公屋更小。而在屋邨的規畫設計最容易見到創意的地方，就是每條屋邨的商場。

「十年建屋計畫」的另一影響，是出現了屋邨商場。最早期的屋邨極其量只會在每座大廈的地面設置一些小商店，後來才出現專設的購物空間。一些現存還未重建的最早期的屋邨，例如一九六二年入伙的和樂邨和馬頭圍邨，都沒有自設商場，只有設在大樓地面的路邊小店鋪。

屋邨開始提供集中的商業設施有不少原因。首先，公屋興建的位置愈來愈遠，從過去的市區或市區邊緣，擴展到一些脫離市區的地點，例如新市鎮。如不提供完善的配套設施，市民不願意搬到這些地方居住。一九六七年起入伙的華富邨就是一例，它位於香港島當時算是偏遠的一角，外出工作必須乘車。因此，政

順利邨的商場採取大平臺式設計，居住與購物空間略有區隔。

府就把華富邨發展成自成一角的獨立社區；不只是商店，其他設施如圖書館、學校和菜市場等亦一應俱全。到了一九七四年，華富邨已有四間小學、九間幼稚園，以及數十間商店。

從規畫上去考量，設立專門的購物空間看起來也是較理性的選擇。混雜的土地利用會帶來生活上的衝突，例如地面店鋪如果開設的是餐廳，住在二樓的住戶就難免會受到油煙和噪音滋擾。這種想法在城市規畫中曾經相當流行，畢竟分散土地利用就可減少接觸面，進而減少衝突面。

屋邨商場的出現有一個過程，不是一下就從街鋪跳到獨棟的商場建築，中間既有過渡期，也有過不同的嘗試。翻查紀錄，有說首座專門興建的屋邨商場應是一九七五年落成的愛民邨商場。但在同一階段，更常見的是一種介乎街鋪和商場之間的設計：在屋邨的中心設置一個大平臺，下面有兩三層的空間，用來設置菜市場或停車場等比較會產生滋擾的設施。平臺上方，則是一個供居民休憩乘涼的大公園；平臺的周邊，則是住宅大廈。而在住宅大廈連接平臺的那一層，則是設置商鋪的位置。荃灣的象山邨，以及觀塘的順利邨，都是這種設計模式的經典案例。這種設計其實沒有完全分隔開居住和購物空間，只是把最厭惡性的設施蓋起來罷了。

至於我長大的禾輋邨，在當年屬超前設計。第一，商場占地不只大，而且十分寬敞；商場走道的空間大得後來被視為過於浪費，管理處發現即使容許餐廳在走道多放幾張桌子做生意，仍然不阻人流。初時商場還有個中庭，上面有玻璃天

位於馬鞍山的恆安邨商場，採半開放式設計，整個空間十分通風。

沙田區的新翠邨商場，上方有半透明天幕，兩旁為店鋪，走廊的兩端則採開放設計。

幕讓陽光照射進來，中間是人工瀑布水景，對於一個屋邨商場來說是相當誇張。不過這個中庭後來也填平了，變成開臨時賣場的地方，下層則好像變成了餐廳。第二，商場有冷氣。在一九八〇年代的香港，這屬於豪華級數的設定。當時很多居民甚至會刻意到商場閒逛，就是為了享受免費冷氣。父母當時和我說，禾輋邨的商場蓋得這樣不惜工本，是因為禾輋邨是沙田第一批的公屋，政府要吸引市區的人來新市鎮居住。後來在沙田區落成的其他屋邨，商場都要細小很多，而且普遍沒有冷氣。

一九八〇年代到一九九〇年代初的屋邨商場，較常見的是半開放式的設計。它們看起來是一座大型建築，但中間往往有個很大的中庭，然後設有很多對外通道；所以雖然沒有冷氣，但通風很好。恆安邨商場就是一例。另一種類似的設計是走廊型，兩邊是店鋪，每邊有兩三層高，頭頂有塑料做的半透明天幕，走廊兩端則開放通風。博康邨商場和新翠邨商場都屬於這類。不過不知道是居民的要求高了，城市環境真的變的更熱了，還是純粹因為有冷氣的商場可以收取更高的租

沙田區廣源邨商場設置成英式小鎮風格，為窄仄的公屋生活增添不少趣味。

金，這些半開放式的商場有部分後來被改建，把對外的窗戶封起來，改為提供中央冷氣。大埔的太和邨就是這樣。

相對於獨棟有冷氣的商場，也有些屋邨的購物空間是完全反過來的：建一個露天廣場，然後商鋪圍繞在四周。這種設計的經典案例，是沙田的廣源邨。整個商場被化身成英式小鎮，由五座兩層高的紅磚建築構成。店鋪面向中央的露天廣場，廣場入口還蓋了一座典雅的鐘樓；望過去時如果你能無視後面的Y型大廈和店鋪賣的五金和中藥材，挺有置身歐洲童話故事之感。因為商場設計甚有特色，於一九九二年獲得香港建築師學會頒發的優異獎殊榮。

另一個類似卻較少提到的案例，是柴灣的翠灣邨。翠灣邨的商場同樣採取開放式設計，由數座尖頂建築所組成。翠灣邨商場「化整為零」的程度甚至比廣源邨更徹底，設有三座微型得如涼亭一樣大小的小屋作為店鋪。不過可能因為翠灣邨商場的規模比較細，而且用的不是紅磚，看起來不像英式小鎮，也就沒有那麼受注目了。

要提廣源邨和翠灣邨這兩個案例，正正是要指出公屋面對「每條邨都是一式一樣」的批評時，建築師仍然有花心思在極為有限的環境下嘗試在設計上增添特色。公屋住宅單位因為要大量生產，沒辦法不以統一格式興建；但屋邨的商場、亭園、通道，或其他公共空間，仍然可以有少許注入特色的可能。有時候這些微少的趣味可能平常完全不會被注意到，有如建築師在屋邨中留下的等待被發現的

觀塘區安達邨商場二樓小拱門望出去的樣子。可以看見獅子山山頂就被框在中間，這應該是建築師在設計時埋下的小彩蛋。

彩蛋。例如當我走到觀塘的安達邨時，無意中發現商場二樓的一個角落蓋了一道小拱門。一開始以為只是普通的建築裝飾，但我發現從這一層的正中位置望過去，超過六公里外的獅子山山峰就會剛好框在這個小拱門的中間。那一刻，我心中確定建築師是有拿地圖出來算清角度才這樣設計的，雖然我懷疑每天路過數以百計的居民不會有多少人留意得到。

當然，即使是屋邨商場，很多時候也如同住宅大廈一樣面對大量生產的壓力，獲獎的精心設計始終是少數。即使是較近期落成的屋邨商場也不乏樣版設計。例如我總覺得頌安邨的商場和海麗邨的商場是同一個樣子的，雖然一個在馬鞍山、一個在長沙灣，兩地相距十多公里；但外型上都是長條型像個盒子的獨棟冷氣商場，在裡面拍兩張照片的話不會分得清誰是誰。

大型的獨棟冷氣商場可說是香港近二十年最廣受批評的城市建設之一。這說起來有點奇怪：香港一向以購物天堂自居，很多香港人假期最喜愛的活動就是去逛商場，為何商場近年卻會取得惡名？這兒得從一個新市鎮說起：將軍澳。

將軍澳新市鎮始建於一九八〇年代，到二千年前後為成熟期，有大量公共屋邨和私人屋苑入伙。相對於之前的新市鎮如沙田或荃灣，將軍澳的城市規畫並不依靠當地原有的墟市，差不多整個新市鎮都是通過填海造地而來，從零開始。因為所有的發展都是新的，也就不用遷就原有的城市發展，可以用設計師認為最「科學」的方法去規劃：把行人和車輛完全分隔。將軍澳的城市規畫以數個地鐵站為基點，在每個地鐵站的上方和周邊興建大型商場和私人住宅，再外圍則是公共屋邨。所有的商場和住宅都以行人天橋連結，居民從家門口到地鐵月臺，全程不用接觸到地面；行人走行人天橋，汽車走地面的馬路。

這種設計引來兩極化的回應。有些居民很喜歡，覺得十分方便，在區內行走到處都可以在商場和行人天橋中吹冷氣，下雨也不用打傘。但正正因為「商場駁商場」、「天橋駁天橋」變成區內唯一的步行模式，地面的街道文化也就完全消失，將軍澳被視為「沒有街道的城市」。對於一些富有人文關懷的評論來說，若要在將軍澳「逛街」，其實是沒街可逛，只可以逛商場，於是乎每一步都必然要在商場管理者的眼皮之下，生活變得規範乏味。

隨著相關的批評變得普遍，將軍澳的城市規畫也有所改變。近十數年才開始發展的將軍澳南，設計上則明顯轉向要把行人和店鋪帶回地面，讓街道不再只有通風系統的排氣口，重新營造街道生活的趣味。同樣的趨勢也在公屋當中出現，很多最近落成的公共屋邨，例如東涌的迎東邨和屯門的欣田邨，都不設獨棟的冷氣商場，改為以「購物街」的方式把店鋪放在穿插邨中的通道兩旁，意圖在屋邨

將軍澳街景，此處的商場和住宅都以天橋連結，這種設計很容易使地面的街道文化消失。

內重新營造街道生活。但別以為這樣的做法只是走了數十年後回到原點，又回到徙置大廈那種在大樓地面層開店鋪的做法——這些新建屋邨會把住宅大樓的基座升高，名義上二樓的住戶單位實際上在四、五樓的位置，確保住戶和下面熱鬧的「購物街」保持一定的區隔。

領匯之痛

對於公屋商場的批評，硬體

設計還是其次的，更重要的是日常管理。這兒就要提一個任何有關香港公屋的討論都不能忽略的關鍵詞：領匯。

故事要由香港的房地產市場開始說起。一九九七年前香港經歷了一段盲目樂觀的時期，很多人認為中國政府基於面子一定不會讓九七後的香港變得更差，於是造就了房地產的泡沫化，房價在九七年七月一日前的一年內上升了超過五成。然而社會的主觀願望不能長時期地偏離客觀現實，香港的房地產泡沫在特區成立後迅速爆破：首先是席捲整個東亞的亞洲金融危機，然後是美國的科網（.COM）泡沫爆破，香港經歷了前所未見的持續經濟衰退，至二〇〇三年非典型肺炎疫情為最低潮。

經濟不景氣，有錢買房的人少了，房價最低的時候只有九七時的三五%。與此同時，租不起房子的人卻多了，需要政府提供住房社會保障。以上兩點都衝擊到資助房屋的供應。先前談天水圍的時候提過，站在建商的立場，面對房市崩盤，政府沒必要繼續出售廉價的資助房屋；站在政府的立場，任由房市崩盤對經濟復甦也沒有好處，畢竟有太多其他行業依附房地產市場為生，從金融、法律、會計，一直到裝潢和建材，都需要房地產市場的支持。於是乎，政府決定停止出售廉價的資助房屋（居屋）。

問題來了：出售和出租資助房屋都是房屋委員會的工作，把已經建好的居屋改為出租的公屋，縮短市民輪候公屋的需要，這當然沒有問題。但興建居屋出售對房委會是賺錢項目，興建公屋出租卻是賠本的生意；一來一回之下，房委會的財政就出了問題。

本來，經濟週期只是一時之間的影響，即使香港出現持續經濟衰退是前所未有的情況，理論上房委會可以發債撐過去，甚至請求政府財政搭救也未嘗不可。但當時的政府卻想出另一個方法來解決：通過變賣公共屋邨的街市（菜市場）、商場和停車場來換取收入。這些設施都是房委會的資產，賣掉了可以幫補赤字。當時政府就提出了上市計畫：把這些資產變成一家公司再放在股票市場出售，而這家公司的名字就叫領匯。

坦白說，我到今天還是難以認同當日做此決定的邏輯。就當房屋委員會是一家企業吧，面對經濟不景氣，手上資產的價錢也不會太好，這個時候把資產賣掉來填補帳面上的缺口，不應是第一優先的選擇。此外，把能賺錢的項目賣了，雖然可解燃眉之急，但以後的財政不是更不穩定嗎？何況現實上房屋委員會並不是一家企業，有各種社會責任需要承擔，要考慮各種方案的社會後果。

我認為整場「領匯之痛」歸根究底的問題，其實就是對社會責任的理解，所謂的財政危機只是藉口，房委會要撐過去本來有其他方法可以選擇。要賣掉公共屋邨的街市、商場和停車場，後面是全球新自由主義思潮下的政策，把公營事業私有化是世界各地都在追求的信仰。按此原則，公營機構總是死板和欠缺競爭力，只會浪費資源；把公營事業私有化，就可以通過市場競爭促進資源的有效利用。香港政府本來就相信所謂的「大市場、小政府」，對新自由主義浪潮照單全收，在二〇〇〇年已拿地鐵公司到股票市場去賣，二〇〇五年的領匯上市是同一邏輯下的延續。

在領滙還未上市之前，坊間已對整個計畫提出很多質疑，認為過去屋邨街市和商場缺乏彈性的管理手法本身是為了照顧弱勢社群而設，不應視為一個問題，反而是一個優點。公屋本身就是低下階層的集中地，屋邨街市和商場不只是有購物功能，也要確保住在公屋的窮人可以以低廉價格滿足生活所需，是另一種社會保障。當屋邨街市和商場被私有化，市場邏輯代替公平原則時，公屋居民的生活就會出問題。

當時為了剎停計畫，有居民向法院提出訴訟，認為上市計畫違反《房屋條例》。可惜當時不少輿論更關心如何趁上市計畫炒股致富，法院訴訟導致上市計畫受阻，社會陷入分裂，就連民主派支持者也因此事而互相攻擊。最後法庭裁定條例雖然規定有責任提供街市、商場和停車場，卻沒有規定如何提供；具體實施方式是政策問題，法庭不應干涉。

如是者，領滙最後還是成功上市，而當初批評者的預言也一一成真。以前的街市和屋邨商場有如計畫經濟，例如規定每條邨要預留多少個店面開設診所；領滙上市後，誰交得起租金誰作主，小診所競爭不了就唯有遷出，只是邨中行動不便的老人就要去更遠才能看病。如果有老人因為路途太遠未能看病而健康受損，亦和市場邏輯下的「善用資源」並不相干。股東眼中的「善用資源」，是把那些地處交通要道的屋邨商場裝潢得美輪美奐，讓連不是住在那條屋邨的遊客都會走進去消費；只是租金提高了，小店被換成名牌店鋪了，本來住在那條邨的居民又要到何處去購買生活用品呢？

就以我家附近太和邨的街市為例，翻新前又黑又臭，確實是沒人會去的；翻新後確實是漂亮多了，我也會去光顧。但我總覺得這不應視為領滙的功勞。以前政府管理不善，不是必然的；就算要交給私營管理，現在這種變賣資產和缺乏監管的模式，也不應視為是必然的。我們甚至可以想像，在公營房屋提供購物設施，現實上和電力公司或者煤氣（瓦斯）公司一樣，是某種空間上的自然壟斷，即使是私營機構政府也有權對其營運模式作出各種規範。

前文提到因為規畫和歷史上的原因，天水圍北的公共屋邨密度特別高。領滙上市後，便形成僅有領滙一家企業獨占同區所有購物設施的局面；導致促進競爭不成，反成壟斷。天水圍北本來已面對眾多社會問題，現在再加上「購物難」這一項，居民百上加斤。結果政府要在區內一個公園畫出部分位置，交由社會團體設立市集，為居民提供廉價購物選擇。同為偏遠新市鎮的東涌，亦因為出現類似問題而導致政府要在區內重新興建公營的市場大樓。政府當日在新自由主義的思維下把屋邨商場變賣，十多年後又要花費巨資覓地重新興建公營市場；平白無故地走了一個圈，浪費了多少資源，又製造了多少問題。

到最近，還出現了一條恐怕之前大多數人都沒想過的問題：公屋商場被賣掉後，屋邨以後要重建時該怎麼辦？香港不少屋邨因為初期建築質量不好，落成了二、三十年便會重建。有些能拖到四、五十年的，各種設施亦已追不上時代的要求，現在也是時候要重建了。加上過去不少在市區的屋邨因為地處機場航道，一般蓋得不高，最多也就十多層；現在啟德機場早已搬走，這些舊屋邨相對於現在最少三、四十層的新屋邨，也是「浪費土地資源」，在政府眼中很應該拆掉重蓋。問題是很多屋邨商場在建築上是嵌入整體設計當中，不少更是直接在商場的上面蓋房子。要重建這些屋邨，同時要兼顧擁有商場業權的私人企業，就變得十分困難。

也是計畫經濟

香港社會長期以自由經濟為傲，但我懷疑很多香港人對什麼是自由經濟並沒有想得太深。只要每年美國的智庫說一次香港的經濟自由全球第一，大家便會樂半天。這種情感的來源不難明白，畢竟香港地處冷戰前沿，很多香港人本身都是從中國大陸逃難而來，或是他們的後代；對很多香港人來說，中國大陸做什麼，我們做相反的就行了。中國政府搞計畫經濟，那我們就搞自由市場，一定沒錯。這種情感還被寫進法律條文當中，《基本法》第五條寫明「香港特別行政區不實行社會主義制度和政策，保持原有的資本主義制度和生活方式，五十年不變」。

說實話這樣的條文操作性十分低，畢竟何謂社會主義、何謂資本主義，現在中國那套國有企業進軍全球到底是什麼主義……這些研究院級數的定義問題在現實中容許無限大的解讀空間。

公屋的存在是挑戰「香港就是市場經濟」的一條刺。在學術世界，每當討論到香港經濟制度的本質時，任何「放任自由經濟」的說法例必引來基於土地經濟的質疑：香港的所有土地都是政府的、香港政府有極大權力收回土地使用權、香港政府過去曾以此權力收回大量土地興建公屋、香港政府從開埠以來多次主動干擾房地產市場……這算是哪門子的「放任自由經濟」？

走在公共屋邨，更易感到政府無處不在。從腳下的土地到山邊的斜坡，都是政府平整的；眼前的街道、商場，和住宅大樓，都是政府蓋的；小至每一個花圃和每一支路燈，都是政府維護的。環迴三百六十度，除了頭頂一片天，都是經由政府的規畫師設計，由政府委託的建築工程建造出來，由政府的公帑付鈔。香港有一套《規劃標準與準則》，規定每多少人口就要建一座圖書館或游泳池等公共設施；然而在這個制度在一九八二年被發明之前，公共屋邨已經有自己的一套規劃準則去衡量每條新建屋邨要有多少社會及康樂設施，也就是說屋邨是香港政府通過土地利用實現社會發展願景的先鋒。就算是領滙上市，表面上是市場化，但本身也是政治產物，也是嵌入在本來由政府規劃的環境當中，並帶來和促進市場經濟相違背的效果。

也許因為從小在公屋長大，我要到後來離開香港到美國生活後，才發現我的成長環境在全球尺度當中是何等的不正常。而當香港有四成半的人口是在這樣的環境中生活時，我想我們不得不重新審視政府在日常生活當中的角色：不同階段的公屋政策和衍生出來的公屋設計，無論是商場、公園、住宅大樓，到每個公屋單位本身，是如何左右其中每一個人的生活選擇，如何讓某些事情變得難以發生，又如何讓另一些事情變得看起來是理所當然。激進一點去想，屋邨實為政府馴服香港人的第一現場。

當然，只要有規則，就會有例外。於是我們還要去問：公屋居民本身，又如何對公屋的環境自覺或不自覺地配合、暗地裡顛覆，甚至正面反抗。

4

書寫公屋故事

隱世景點

我在大埔住了十年，太和邨附近。因為港鐵站就在太和邨的中央，所以差不多每次出市區都會經過太和邨。早前翻看飲食玩樂雜誌，無意中看到一篇推介到太和邨遊玩的專題文章，介紹遊人到邨中一條橫跨港鐵站的行人天橋拍照。我想，這條行人天橋只是邨中一條普通的通道，有什麼值得介紹？原來這條橋的其中一部分最近塗上了豔麗的色彩，雜誌稱之為「幻彩步道」，被推為「隱世景點」介紹。

得說明，這條行人天橋一點都不好看，如果有遊客真的按圖索驥來遊玩的話，保證失望而回。我懷疑照片是在清晨六、七點鐘拍攝的，因為只有這個時間的光線角度才能把那些新塗上的色彩拍得如雜誌中那樣明亮。更重要的，是這條行人天橋是邨中要道，平常都是人頭湧湧，擠滿趕到港鐵站乘車上班的通勤族。從早上七點起，一直到太陽下山，都根本不會容許任何人像雜誌中的模特兒一樣拿著手搖飲料，在完全淨空的橋面上悠閑地拍照。

很快我便發現為什麼會出現這樣的一篇專題文章。原來領匯在推廣太和邨的商場，行人天橋上的豔麗顏色就是他們塗上去的。他們還在商場各處加上有八分像幾米風格的壁畫彩繪，商場服務臺則列明同日購物滿額即送壁畫同款水杯。至於那篇飲食玩樂雜誌的專題文章，應該是領匯特約的業配文。說到底，這一切原來是一場名為「幸匯．太和：找尋生活小確幸」的推銷活動。也難怪，太和邨的商場本身處於港鐵路線上，在屋邨商場來說比較罕有。如果能把邨外的人流引進來，可以增加租金價值。

城市地理學近年有提出「ＩＧ化」的概念，意謂隨著 Instagram 等以拍照為主題的社交網絡平臺興起，不少人的城市生活經驗也被拍照活動所主導。要去一個地方遊覽，是因為見過其他人在該地點拍攝照片，於是自己也想去同一地方拍攝照片。如是者，慢慢便開始有以此為題的地方營銷出現，有些設施在設計時便會預先設置「在此拍照上傳網絡分享」的位置，讓遊人的智能電話變成免費的營銷工具。太和邨這個對於我作為本地人感到十分奇怪的企畫，代表主題化的地方營銷已走進公共屋邨了。

遊客走到公共屋邨去遊覽，是近十數年的新興事物。一開始的時候，是因為有些屋邨的設計相當有特色，吸引遊客主動前往拍照留念。這樣說好像和上一章說公屋設計都是一式一樣有點矛盾，其實並不完全是。因為先前提過的「二十六座問題公屋醜聞」，很多最早期的公屋都已被拆卸重建，超過五十年樓齡的屋邨變得相對罕見，吸引了一些對歷史和懷舊建築有興趣的遊客。加上「深度遊」的興起，不少遊客覺得公共屋邨作為非主流景點，反而多了一層神祕感，於是一些旅遊指南便會把某些屋邨當作是「真實一面的香港」來介紹給遊客。

當然，一般遊客的所謂「深度遊」，其實仍會期望要在安全範圍之內遊歷，而且對他們來說有一定趣味，而不是真的要翻山越嶺的歷險或研究院式的學術考察。彩虹邨作為香港第一個出現的公屋景點，大概就滿足了這個需要。彩虹邨落成於一九六二年，是極少數仍然保留尚未重建的最早期公共屋邨。因為屋邨以彩

隨著生活「IG 化」，許多原本尋常的舊屋邨也變成人們造訪的景點。建於一九七七年的石硤尾南山邨，是繼彩虹邨後第二受歡迎的打卡和拍照熱點。

虹為名，樓宇外牆亦塗上彩虹色彩。邨中央有一個兩層高的停車場，頂樓四面被彩虹色的樓宇包圍，很容易可以拍到以樓宇為背景的漂亮照片。加上彩虹邨本身就在市區港鐵站的上面，遊客很容易可以找到，在網路時代一傳十、十傳百，旋即變成為遊客拍照留念的勝地。我曾經訪問一些在彩虹邨住了數十年的老街坊，他們不覺得遊客滋擾到他們的生活，只是對居住地點忽然變成旅遊景點感到有點奇怪。

我發現一條屋邨要成為「隱世景點」，總得要有點歷史，才能顯得有「特色」。南山邨的遊樂場和樂華邨的「時光隧道」能成為「打卡」熱點，固然是因為可以拍出十分吸引的幾何構圖。但相對於新落成的屋邨，舊屋邨多了一層探祕獵奇的感覺，好像有些只有在地人才知道，數十年不為人知的東西在等待遊人去發現似的。

這些屋邨「隱世景點」的出現，我認為與整個香港於二〇〇〇年代中期出現的人文空間轉向一脈相承。二〇〇三年灣仔利東街（又名囍帖街）的拆遷抗爭，引發了社會對舊區生活的關注：人不只活在一間房子當中，還和他身邊的人構成一張社區網絡。自此之後，當一個地點在媒體中出現時，我們開始不只關心其經濟價值，也逐漸重視其人文意義。這些關注從天星碼頭、皇后碼頭，一直伸延到菜園村和新界東北抗爭，每一場運動都會有各種人與地方之間的生活故事。

這種對地方情感和記憶的集體發現，從社會運動流傳到日常生活。在領匯找休閒雜誌寫業配文推介旗下商場之前，這些雜誌大約在十數年前已開始加入介紹「社區特色老店」的專題，承接社會對舊物和人情的關注。例如當推介的對象是餐廳時，相關介紹不再限於食品是否美味，也會和你訴說店主的創業小故事，還有店鋪和街坊的關係等等。

舊屋邨就在這種氣氛之下，集合了各種對往日香港社會（過度浪漫化）的想像，成為一個可供回憶過去的景點。當然，一般香港人還是不會把公共屋邨視之為旅遊景點，所以就要製造一些到訪的理由，而拍照片正是其中之一，於是就出現了各種舊屋邨拍照景點的推介。

不過拍照片還是有距離感的，如果可以安全地「深度」體驗屋邨生活則更好。如是者，某些在舊屋邨營業數十年的店鋪忽然被冠上「隱世小店」的稱號，被推介到屋邨的遊人讓他們可以短暫感受公屋居民的生活。例如華富邨的銀都冰室，就被稱為到訪華富邨時必定要光顧的餐廳。有商人甚至和銀都冰室合作，利用他們的品牌出產瓶裝的港式奶茶，稱之為「華富名物」、「經典承傳」。

我去華富邨的時候也刻意到銀都冰室吃了一頓飯。餐廳的裝潢好像是個時空膠囊一樣，數十年不變，相當有意思。至於食物的質素呢……其實就是一間屋邨餐廳，你覺得會有多特別美味？

主題樂園

對於絕大多數沒有被視為「隱世景點」的屋邨，它們是否就沒有任何獨特之處可言？很不幸，回到先前「一式一樣」的評論，答案恐怕絕對的是。抬頭看一座和諧式大廈，如果沒有人告訴你，你是不會知道自己是在黃大仙還是梨木樹。

政府的建築師也注意到這個現象。除了前文提到的特色商場設計外，近年也多了在邨中的公共空間放入各種特色設計，為每條邨建立某種主題。例如油塘的鯉魚門邨，大概是因為附近的三家村是香港有名的漁港，不少人會專門去吃海鮮，於是邨中也放置了一些和海洋相對應的設計：公園放置了一個舢板造型的涼亭，垃圾桶弄成海盜船大木桶的樣子，整條邨的入口處則有一幅大型的鯨魚馬賽克壁畫。其實海盜桶和鯨魚都和香港或鯉魚門沒有任何關係，但反正對得上海洋主題就行吧。

也有些特色設計不是那麼明顯。例如長沙灣的海盈邨附近有船塢，於是邨中通道旁的長椅就設計成小船的樣子；不顯眼，但肯定花了心思。又例如天水圍的天晴邨因為鄰近溼地公園，於是在大廈牆壁加上了雀鳥圖案，大廈頂層則有象徵雀鳥展翼的小裝飾，只是我不太肯定有多少居民會留意得到。

有些特色設計甚至被設計成等待被發現的彩蛋。例如在九龍灣的彩福邨，邨中通道和涼亭散落了「蔭」、「綠」和「雲」等單字，以及「石山重重」和「彩雲片片」等字串。當你走到邨中央的多層停車場，外牆上就會見到一道由這些字串連成的七言對聯：「石山重重見綠蔭　彩雲片片現藍天」。彩福邨的原址是石礦場，這一帶新建的幾條邨在空間上和附近的彩雲邨和坪石邨靠近，這道七言對聯就是要呼應這條邨的歷史和位置。

除了彩福邨的七言對聯外，這一帶還有其他對採石業歷史更為明顯的呼應。彩福邨的兩旁設有兩個「礦石公園」，把一些以前礦石場遺留下來的石塊當作展品介紹。旁邊的彩德邨設有「彩雲道史蹟徑」，沿路設有展板介紹香港採石業的歷史，我也是從這些展板中得知香港採石業曾盛極一時，出產的花崗石更會運到外地，廣州的石室聖心大教堂就是由香港出產的花崗石建成。在遠一點同樣原為石礦場的安泰邨，亦設有岩石公園和介紹香港與世界地質知識的展板。

在屋邨中辦個微型展覽廳，安泰邨並不是唯一案例，之前就提過石硤尾邨的公屋歷史博物館，本身源於美荷樓被評為歷史建築後的活化利用。另一個類似的例子是柴灣的華廈邨，前身為政府興建的徙置工廠大廈，本來是要拆卸重建的，後來因附近居民反對和被評為歷史建築而獲得保留。大廈後來被改建成出租公屋，底層則設置展廳介紹香港製造業的歷史。

另一個值得一提的特色案例，是在啟德機場原址興建的啟晴邨和德朗邨。啟晴邨的兒童遊樂場加入了機場設計，在遊樂設施上面加上「離境」、「入境」和

元朗的朗善邨善用原有地景，讓居民在散步時就可以親近自然。

「提取行李」等字樣呼應往日的客運大樓。德朗邨的中央公園則設有一系列的展板介紹啟德機場一帶的歷史。而在啟晴邨和德朗邨共用的晴朗商場，則在一面牆上繪畫世界地圖，加上顯示各地時間的時鐘，模擬從前客運大樓有過的類似裝置。

政府建築師在上述案例中要注入地方元素是相對容易的，畢竟當地本身就有大量的故事可供訴說。但也有一些新落成屋邨的所在地本身沒有太多事情可講，建築師要營造特色就相對困難。最常見被創造出來的特色是環保，但實行起來也有高低手之分。元朗的朗善邨位處一個小山旁邊，於是就在山上建了個園景臺，再以天橋連接全邨，讓居民平時散步可以親近自然，全邨設計獲中國綠色建築設計標識最高的「三星」評級。同樣位於元朗的洪福邨也是以環保為設計主題，邨內設有知識廊向居民介紹環保知識，不過我在現場觀察所見內容相當乏味，也見不到有居民注意。

相對於營造出來的設計特色，如果作為一條公共屋邨本身就是這條邨的特色又如何？香港有數條公共屋邨本身在公共論述中是有獨特符號意義的。例如觀塘的牛頭角下邨，在香港人日常生活中往往成為庶民生活的代名詞。口語中有「牛頭角順嫂」一詞，意謂沒有學識卻諸事八卦的婦女，據說原型來自八〇年代初無綫電視處境劇的角色（不過劇集卻沒有指明她居於牛頭角，應該是後來衍生出來的）。到了二〇〇〇年代初，政府宣布重建牛頭角下邨，引來社會大眾爭相到訪拍照留念，要為想像中的「老香港」留下回憶。如是者，牛頭角下邨便成為了

觀塘區的牛頭角下邨被視為庶民生活的代名詞。在屋邨改建時，政府從善如流，在邨中做出各種新舊對照，供民眾回憶。

「舊式屋邨」的代表，政府於重建後亦刻意在邨中設置各種新舊對照，讓居民回憶往日情懷。邨中央更設有小型展覽廳，展示各式一九六〇、七〇年代舊物，如鄧麗君的黑膠唱片等等。

另一條因重建而牽起懷舊熱潮的屋邨，則是長沙灣的蘇屋邨。第一代的蘇屋邨建於一九六〇年代初，入伙後人才輩出，許多名人如演藝界的許氏兄弟（許冠文、許冠武、許冠英、許冠傑），還有 Beyond 的主唱黃家駒和黃家強，都在蘇屋邨長大。到了二〇一二年，蘇屋邨展開重建，政府刻意保留多項具有歷史意義的設施，包括入口牌匾、巨型圓拱涼亭「燕子亭」、以前用作售賣煤油的「小白屋」，以及英國雅麗珊郡主（臺譯亞歷山德拉公主，Princess Alexandra）訪港時於邨中所種的「公主樹」。邨中也設有一些小展覽，放置了一些和許冠傑相關的創作。重建完成時，這些設施的保留獲傳媒廣泛報道，被認為是政府尊重歷史承傳之舉。

我也很支持歷史的保育傳承，但每次讀到這些傳媒報道時，總感到有點不舒服。

城市地理學有所謂「主題樂園化」的討論，意謂近年城市發展除了重視興建道路橋梁等硬體之外，也開始重視遊人的感官經驗，而通過營造某些特色的地方行銷正是常見的策略之一。這有點像主題樂園或主題餐廳一樣：你不只是去那兒玩或吃飯，而是去感受一套完整的、有故事的經歷。

現實世界的實踐往往眼高手低得多，例如當每個城市都把舊區重新標榜為

「歷史文化街區」，把舊工廠或舊倉庫改劃為「文化創意產業園區」之後，出來的效果往往還是一式一樣。其中一個廣為學界批評的問題，是因為這些品牌化的設計都是報喜不報憂，結果只呈現了一個有選擇性的、浪漫化和被潔淨化的所謂地方特色，抹去當地原有不同層次的多元面向。臺北華山藝文特區早期的管理爭議，特別是關於藝術和公共空間被收編壟斷的質疑，就是一例。

香港的公屋除了領匯那些糟糕的地方行銷外，一般屋邨環境的設計本身不為營利為目標，表面上不會有上面的問題。不過既然公屋的設計由政府負責，而香港政府又從來沒有政黨輪替，於是隱惡揚善的邏輯還是同樣會存在。

例如秀茂坪邨，可以講的歷史就有很多，但好像卻都不太好講。秀茂坪本身的名字常被誤認為來自「掃墓坪」，本來就不太吉利。歷史上秀茂坪發生過兩次因雨災導致的大規模山泥傾瀉，兩次都有多人被活埋死亡。到了一九九七年，重建前的秀茂坪邨發生童黨燒屍案，一名少年被一群童黨虐打致死，事後他們更意圖焚燒屍體湮滅證據。事件被拍成電影《三五成群》，後因被奉為邪典電影而廣為推崇。但重建後的秀茂坪邨並沒有如牛頭角下邨或蘇屋邨一樣也搞個展覽廳訴說該邨的這段歷史，以上的故事只留在民間流傳。

悲傷的故事，即使居民也未必想重提，這點尚可理解。這和「我以在公屋長大為榮，但我不想回去公屋生活」的態度同出一轍。但當一條邨的所在地的歷史意義本身十分敏感，卻又重要得無法忽視時，就會出現一些相當奇怪的處理。調景嶺的健明邨和彩明苑正是一例。

回說國共內戰末期，大量難民從中國大陸逃到香港，當中不乏國軍及其眷屬。起初他們聚居於香港島西端的摩星嶺，後來因和在港的左派勢力衝突，港英政府匆忙把他們轉送到當時遠離市區的調景嶺。當時的調景嶺無水無電，難民自力更生搭建平房居住，結果形成政治色彩濃厚的社區，有「小臺灣」之稱。那時候的調景嶺到處掛滿青天白日滿地紅旗，山坡上更刻上「中華民國萬歲」和「蔣總統萬歲」等大字。

隨一九九七的迫近，為免這樣的社群存在對日後的特區政府帶來尷尬，拆遷問題被放上議程。政府於一九九〇年代初開發將軍澳新市鎮，連帶把調景嶺納入發展範圍，名正言順要把這個「小臺灣」拆掉。許多居民被安置到於將軍澳坑口興建的厚德邨，而調景嶺的平房區則被發展為健明邨和彩明苑。

如果在新建的屋邨完全不提上面的故事，無疑會讓政府自招抹煞歷史的話柄。但臺灣議題又是明顯不容香港政府觸碰，如何回溯調景嶺的歷史，就變得相當敏感。走進這兩條邨，我發現設計師的解決方法是：多一點抽象，少一點解說。

在健明邨的中央，蓋了一座三層高的鐘樓，外圍以仿造的鋅鐵皮為物料，說是呼應昔日調景嶺鐵皮屋的樣子。我問過一位在健明邨長大的朋友，她說完全不知道這座鐘樓的設計原來有此喻意，只覺得蓋得很醜。

其實如果這位朋友如果用心去找的話，還是會找到一點解說的。在鐘樓的後面還有一個水池，放置了原本調景嶺碼頭的四個石躉（石做的繫纜樁），後面則有以「調景嶺今昔」為題的介紹。在這三百字的介紹當中，有一小部分提到「小

位於將軍澳健明邨的水池，保留了原本調景嶺碼頭的繫纜樁，後方的金屬板則記述了調景嶺的歷史。

臺灣」的歷史：「一九四〇年代後期，許多國民黨軍人從國內南下至香港，先暫居摩星嶺一帶，其後遷移至『吊頸嶺』；而『吊頸嶺』一名亦以諧音『調景嶺』取代，帶有調整景況之意。」這段文字是刻在金屬板上，經過十數年後已被風雨嚴重侵蝕，我很不容易才看得清上面的文字。

相對來說，彩明苑則更為不堪了。在通往商場的入口處，放置了一個巨型雕塑，一面是過去平房區的造形，另一面則是現代都市高樓大廈。整個雕塑沒有附帶任何解說，途人如果本身不知道調景嶺的歷史，不會知道它到底有何喻意。唯一刻在這個雕塑上面的，就只有「嚴禁攀爬」四個大字。

還未說完。在健明邨和彩明苑中間，一個不顯眼的路口，還有一大幅稱為「景嶺春秋」的石浮雕。和彩明苑的那個雕塑一樣，是以過去平房區和現代都市的對照作為創作主題，同樣不設任何解說。我看得比較不順眼的是浮雕為了表達日轉星移，在最頂部加了五顆五角星。對，是五顆五角星；雖然不是五星紅旗的那種排位，但畢竟是在調景嶺，這樣……合適嗎？

陳浩南的球場

說到這兒，我想大家大抵已感受到我的沮喪。公屋是政府蓋出來的，居民的日常生活受其預訂設計主宰之餘，就連每條公共屋邨本身的歷史也是由政府決定如何被書寫。公屋的故事，有可能不是由政府講的嗎？

想起來，還是有的。香港流行文化中有不少以公屋為場景的創作，訴說官方以外的公屋故事。不過想來想去，又好像大多都脫離不了「公屋潮文」所聚焦被凝視（如果不是歧視）的階級性。公屋居民在這些描述當中更多是要害怕的對象，多於是能發聲的主體。

剛才提到《三五成群》，公屋在流行文化當中和童黨似乎也分不開。客觀來說，港英時期大幅興建公屋的時代，也是香港人口快速增長的時代，加上當時政府提供的社會服務十分有限，公共屋邨也就聚集了許多聯群結黨的叛逆少年。流行文化所描述的，某程度上也是時代的寫照。除了《三五成群》，再早一點的還有一九九五年的電影《慈雲山十三太保》，正正是取材自一九七〇年代於慈雲山邨甚有影響力的童黨組織。其首領陳慎芝後來脫離幫會成為教徒，戒毒後從事社會工作，備受各方尊重。繼續往上追，還可以追到一九七四年的《成記茶樓》，片中不良少年在屋邨公園伏擊茶樓夥計的一幕，導演把徒置大廈的背景拍得十分有壓迫感。

至於被視為一九九〇年代香港電影代表之一的《古惑仔》系列，當然也離不開公屋。首集《古惑仔之人在江湖》一開場，便迎來一列徙置大廈的畫面，以及下列的字幕：

一九五六年，石硤尾大火，香港政府為安置貧民，大量興建徙置區。隨戰後一代迅速成長，數以千計家庭生活在狹小單位中，加上父母為口（生計）奔馳，填鴨式制度又不完善，很多少年因此走上歧途，徙置區球場是他們發揮精力的英雄地，也是培養古惑仔的溫床。

就這樣一百多字，便交待了電影的時代背景。之後字幕說時間是一九八五年，我們見到幾個少年在踢球，就是當時還未長大的「包皮」、「阿二」，以及主角陳浩南。一輪打鬥之後，陳浩南決定加入社團跟隨「B哥」。然後時間跳到一九九五年，也就是新一代「幫派英雄」陳浩南的故事了。

雖然電影還是引用「石硤尾迷思」作為公屋的起源，但它既然不是學術論文我們也不用過於深究，不過還是要說明石硤尾大火發生的年分應為一九五三年，不是一九五六年。早期公屋的童黨問題倒是相當普遍的。電視紀錄節目《鏗鏘集》在一九八五年時曾專門調查葵涌邨的治安問題，指出當時葵涌邨的少年因家庭背景和居住環境等因素而成為黑幫招攬的對象。

《古惑仔》第一幕的設定也是一九八五年。現實上電影是在一九九五年拍攝的，當時球場的取景地點藍田邨已開始了重建，鏡頭拍攝到的已是最後數座尚未拆卸的舊式徙置大廈。如果留心一點去看的話，還會有半秒見到已完成重建、尚未入伙的啟田邨啟旺樓。這種和諧一型的大廈設計最早落成於一九九二年，是不可能出現於一九八五年的。在這齣經典電影的這段經典開場劇情當中，原來有半秒穿幫了。

公屋嚇人的不只有不良少年，還有厲鬼。

鬼片是香港電影的重要類型，而不少經典鬼片都在公屋取景。《恐怖在線》的友愛邨和《殭屍》的坪石邨，都是經典案例。舊式公屋的設計很適合拍攝鬼片：每座大廈都是同一個模樣，本身就很異托邦。公屋大廈往往每層有二、三十個單位，由一條看似無盡的走廊連結，同樣是現成的嚇人場景。更別說有些屋邨的設計是多座大樓連在一起的，連接的走廊有如迷宮一樣，是拍攝追逐鏡頭的上佳取景地點。

相對於那些經典的屋邨鬼片，《回魂夜》（臺譯：整鬼專家）就顯得藝高膽大。《回魂夜》取景於拍攝時尚未入伙的德裕樓；既是一座全新落成的公屋大廈，當然無法通過建築物的老舊外觀營造恐怖氣氛；片中見到大廈內連牆壁也是全新粉刷，都是亮光光的，實在很不像一齣鬼片。德裕樓屬和諧一型設計，沒有長條形公屋有的長走廊，整套電影的驚嚇鏡頭主要圍繞在樓梯、電梯大堂，以及大廈正門外的空間，在視覺構圖上沒有什麼神祕感。當然，《回魂夜》本身也是一齣不一樣的鬼片，集合搞笑和驚嚇於一身，也就不用依賴傳統公屋鬼片的視覺語言。反過來，尋常無比的場景可以讓觀眾聯想到自己的日常生活，又是另一種的驚嚇。

除了童黨和鬼故，公屋在香港電影還有第三個功能：每當要訴說主角的庶民情懷，又或是主角落難時如何堅毅不屈的時候，公屋就會出現。前文提過，經典賀年電影《嚦咕嚦咕新年財》中街坊在升降機大堂打麻將的一幕是在祖堯邨拍攝的。後來主角劉德華輸光身家，卻同時收到通知獲分配公屋單位，片中對白說是牛頭角上邨，實際拍攝的地點則是彩虹邨。

同一個做法，在電視劇集當中也經常發生。由韋家輝監制的《義不容情》和《大時代》都以公屋為場景，並利用屋邨環境來訴說主角的貧苦身世。《大時代》的拍攝地點恆安邨更成為影迷專門尋訪場景的地方，算是另類的屋邨「隱世景點」。

不過，不知道是否我的錯覺，總感到香港電視劇中出現的公屋愈來愈少。後來無綫電視傾向以專業人士為劇集主角設定，來來去去都是醫師律師飛機師的三

馬鞍山的恆安邨是經典港片《大時代》的拍攝地點，是許多影迷會專程去朝聖的「隱世景點」。

四五六七八角戀，公屋場景也從電視劇集當中消失，取而代之的是主角們寬敞的私人物業（通常都是錄影廠搭建，不是實景）。流行文化的研究者常笑說外地觀眾如果只透過無綫劇集來認識香港的話，大抵不會知道香港有居住問題，以為人人都住在千呎豪宅之中。

為什麼近年的無綫劇集都是這樣設計的？有一說是觀眾看電視都是想逃避現實，主角們都是專業中產，每位都俊朗漂亮穿搭得宜，大家才會看得舒服。另一個說法是編劇愈來愈懶，一張飯桌全家人圍著一起吃飯講對白便於推進劇情，所以房子不能太小。不過想起來也不是沒有例外的。《烈火雄心》的三位主角被設定為在石硤尾的南山邨長大，在劇中合稱「南山三虎」；不過之所以可以這樣設定，大概是因為他們的工作不是醫師律師機師而是消防員，低下階層的出身更適合講述他們的兄弟情誼。

說來說去，從黑幫片到鬼片再到勵志片，屋邨都似是一個「情節裝置」，好像出現的原因純粹是要用來解釋主角有什麼慘痛成長經歷似的。有沒有一些影視作品中的公屋呈現，是可以超過「情節裝置」的功能，訴說公屋居民本身的生活點滴，甚至是從公屋居民的視角去看這個世界的呢？我想到兩個重要的例外。

驃叔驃嬸

第一個例外，是《富貴迫人》。以公屋生活為主題的香港影視作品，要說代表作，還是一九八七年的《富貴迫人》無可取代。故事圍繞由董驃和沈殿霞飾演的驃叔驃嬸夫婦，和他們一家在公屋的生活故事。驃叔是一名新聞報道員，但做事毫不專業得過且過；驃嬸一天到晚和其他街坊在屋邨大廈的電梯大堂打麻將，亦見不上有好好照顧家庭。他們這一家能引起觀眾共鳴，全因他們和當時很多香港人一樣：雖然身處低下階層，仍幻想自己有朝一日會通過彩票中獎變成富翁。

電影取景於沙田新翠邨，驃叔驃嬸所住的單位正是當時流行公屋單位的大小和格局，部分實景拍攝。電影上映時我還是一個也住在公屋的小學生，當時沒想到這樣的設定有何奇怪。到後來看多了無綫劇集的豪門爭產，才發現以小人物為題的影視作品十分可貴。

我覺得這電影和前面提過的作品不同，在於它沒有純粹把公屋當作是交代主角背景的場景道具，而是整個故事的主體。屋邨生活相關的搞笑橋段，例如鄰里之間欠缺私隱和噪音問題，當然是居民日常生活的寫照；但電影絕對沒有把公屋視為取笑的對象，更像是居民的自嘲。

公屋居民作為香港社會基層的位置固然是電影的重點，但它更要藉此做更廣闊的社會批判。例如驃叔驃嬸的小女兒喜好製作科學模型，但她的同學因為家境都比她富有，弄出來的模型都比她的先進，讓她深感自卑。之後在另一幕的夢中場景，他們一家發財了，小女兒弄了個「大浪灣核電廠」的模型出來，一雪前恥。這個「大浪灣核電廠」當然是戲謔當時極受爭議的大亞灣核電站，驃叔還跟身邊的「議員」說不用到外國考察核電設施了，看他這個天才兒童的模型就夠。結果「大浪灣核電廠」還是爆炸了，小女兒還要像當時的政府專家一樣說「不要怕！十米範圍外不會受輻射影響」。

《富貴逼人》因為大受歡迎，後來還拍了四套續篇，當中不少橋段繼續緊貼時事，從驃叔驃嬸一家移民加拿大，到他們買了一套市區老公寓後在都更案中被無良建商逼遷，都是時代寫照。不過在這些續篇當中公屋的特點卻很大程度上又回到「情節裝置」的位置，不再是故事的主體了。

從公屋居民角度出發的社會批判，另一齣經典是《香港製造》。

《富貴迫人》是喜劇，通過諷刺帶出社會批判。《香港製造》則要陰沉得多，直接訴說草根年輕人的躁動。故事主角屠中秋是名家庭破裂的小混混；圍繞他的還有因為情傷而自殺的中學生、身患腎病絕症的瀕死少女，還有被中秋罩著、常常受人欺負的弱智男孩。看起來好像都是標準的公屋悲情角色，但電影卻通過他們的命運交錯，反過來對許多主流想像提出質疑。這齣電影不只要訴說社會如何把年輕人迫上絕路，也要通過年輕人反過來訴說這些壓迫的複雜性。

《香港製造》是陳果導演「九七三部曲」的第一部，全片以過期或由其他電影公司捐贈沒用完的膠卷拍攝而成，成本僅五十萬港幣，演員都是新人；電影上映後驚為天人，於是又有了直視九七的《去年煙花特別多》和《細路祥》。《香港製造》本身奪得了一九九八年香港電影金像獎的最佳電影，陳果獲得最佳導演，至今仍被視為香港電影人回應一九九七的經典之作。

主角屠中秋的家位於沙田的瀝源邨，就在我長大的禾輋邨旁邊。禾輋邨的井字型大廈，也成為電影場景。記得那時候我在電影院中看自己的成長環境被放上銀幕，感受深刻。後來因為電影獲獎，獲邀到世界各地巡迴放影，把瀝源邨那些只得二百多呎（約七坪）的公屋單位帶到全世界觀眾的面前。代表香港的城市景觀，終於不只是維多利亞港。

要寫公屋為場景的電影，可以講的還有很多。由許鞍華導演的《天水圍的日與夜》和《天水圍的夜與霧》，回應了當時的「悲情城市」論述。近年興起的「本土電影」亦常見於屋邨取景，例如同樣在瀝源邨和禾輋邨拍攝，以香港首支少年棒球隊「沙燕隊」為題的《點五步》，以及在屯門的湖景邨拍攝的《幻愛》，兩齣電影都拍攝了許多井字型大廈的鏡頭。主流商業電影也喜歡利用井字型大廈營造其所謂的「屋邨情懷」，曾志偉監製、導演和主演的《我愛ＨＫ開心萬歲》就是一例。這齣電影亦意圖滲入各種新一代的「屋邨元素」，例如食物環境衞生署驅趕小販和領匯加租等，不過坦白說感覺上只是堆砌劇情。

對了，提到曾志偉，還有為一九九一年華東水災籌款，由過百位巨星合演的《豪門夜宴》。故事講述曾志偉飾演的富翁為了巴結中東王子，找回仍然居於屋邨的老父大排宴席祝壽，卻不知道老父原來就是王子恩人，鬧出各種誤會。既為賑災電影，故事最後大團圓結局，曾志偉得到老父原諒，宴席移師屋邨露天排檔舉行，一眾街坊在屋邨大演「人情比金錢重要」的劇終場景。編劇還不忘找來董驃和沈殿霞客串驃叔驃嬸，驃嬸在席間大喊彩票中獎，向《富貴迫人》致敬。

我可以一直數下去。不過我想到此大家應該已理解我所介懷的，不只是公屋有沒有在影視作品中出現，而是如何出現。就好像少數族裔在荷里活電影中的呈現一樣，有沒有出現只是第一條問題，如何出現也是一個問題：最初黑人根本不能上鏡，白人塗黑臉扮黑人；後來有黑人角色了，但都是壞人；再後來社會進步了，覺得黑人該演正面角色，於是影視作品中的黑人都變成警察和教師……但說到底，如果社會本身沒有種族問題的話，那就不需要再討論影視作品中的定型或反定型，種族只要「如常地存在」。

公屋可以在香港的影視作品中「如常地存在」嗎？在一個近年的電視節目中，我看到了希望。

這個節目是 ViuTV 的《Error 自肥企畫》，是一個綜藝遊戲節目，主題是由四人組合 Error 的成員參與各種奇怪遊戲贏取獎品。節目來到第七集，製作團隊表示該集勝出獎品為廠商贊助的一噸啤酒，而且會當晚全數送到勝出者家中；四人隨即表示今次千萬不要獲勝，不然必然會被家人責罵。結果「Dee 哥」何啟華「不幸勝出」，載滿啤酒的貨車隨即出發，製作團隊跟隨拍攝。讓我意想不到的，是原來何啟華的家在一座 Y 型大廈；製作團隊毫不迴避，從停車場、電梯大堂、走廊，跟隨送貨工人和一箱箱的啤酒一路到達他的家中，直至啤酒箱把他狹小而混亂的睡房堆滿為止。[1]

一個搞笑綜藝節目，看到這兒，我卻感動起來。在正常邏輯之下，藝人的家不可能在電視節目中出現，以保持神祕感。如果要拍攝的話，通常對象都是天王巨星，先在節目中介紹透天豪宅的名師裝潢，再回到屋邨訴說自己的成長故事。在公眾印象中，藝人可以出身公屋，卻不可以仍然住在公屋，否則就會被視為不成功，廠商找拍廣告也會壓低價錢。「Dee 哥」所住的 Y 型大廈在這集節目當中卻能這樣「如常地存在」，唯一要達到的節目效果就是「這真的是他的家」，沒有其他含義，怎能叫我不感動。

時來運轉，《Error 自肥企畫》播出後組合爆紅，合作廠商蜂擁而至，代言廣告數之不盡，四位成員也不用再捱窮。「Dee 哥」和另一位組合成員「肥仔」以及組合經理人「濟哥」租了個地方一起生活，「Dee 哥」不再與父母同住。既為藝人，這個新居也成為拍攝對象，被家具廠商拿來做空間布置的示範單位。他們的新居當然不是公屋。

華富石棺

「誰為公屋說話」是一條我無法放下的問題。上面提到的眾多案例，無論是領匯、政府或是影視作品中的公屋描述，公屋居民都是被描述的對象。難道就沒有公屋居民自己寫的公屋故事？認真想一想，其實也有：公屋的鬼故事。

全港二百五十多條屋邨，我懷疑每一條邨都有不只一個鬼故事，靈異鬼怪和公屋好像是分不開似的。我怕鬼，鬼片也不喜歡看，視所謂的「探靈遊」為自找麻煩的活動，所以一直也沒有刻意去研究那些公屋鬼故地點。當然，總有些屋邨的鬼故事比較聞名，甚至整條邨都被視為鬧鬼地點。華富邨正正就是這樣。如是者，到了華富邨，唯有硬著頭皮去找那些「靈異景點」，免得被大家說我沒有真的到過華富邨。

坊間的華富邨靈異故事有三個最為流行。第一個其實不是鬼故事，而是說一九八〇年代時華富邨居民集體見到有龐大的不明飛行物體在邨的上方低空盤旋。很理性地去想，在華富邨傳出這樣的故事是有一定道理的：我不是說外星人有理由喜歡華富邨，而是這兒在地理上容許這樣的故事流傳。首先華富邨位於香港島的西南角，南面和西面都是海，視野廣闊；加上附近人口相對稀少，讓這條邨有點與世隔絕的感覺，所以說有不明飛行物體才會有人信。你改為說在維多利亞港

華富邨旁的瀑布灣，在香港開埠之前就已被列入「新安八景」之一。清朝時來往廣州經商的歐洲船隻，經過這裡時多會補充飲用水。

中心見到，兩岸有過百萬人可作證你在吹牛。相對來說，這個相對偏僻和自成一角的位置，有流傳鬧鬼傳說的土壤。

第二個故事，是關於邨旁海邊的一處瀑布，然後大概就是小孩子玩水遇溺之類的故事。同樣很理性去看，這種鬼故事是有其社會功能的，可以告誡小孩子不要去沒有救生員當值的地點戲水，十分有道理。我自己倒是相當願意去見證一下這個瀑布的，理由和鬼故事無關，而是這個瀑布十分有歷史意義，常見於早期歐洲航海家對香港的描繪當中，據說是遠洋船隻取飲用水的地點。既然是見證香港開埠的地方，當然要去一下。

第三個故事，才是真的讓我感到恐怖的故事：石棺傳說。在這個故事當中，華富邨在興建前是日占時期的亂葬崗（另一說法是更早期風災死者的集體墳場）。到了一九六〇年代政府要大興土木，卻發現有一副棺木無論如何也搬不走，任何工人只要一碰它便會染上惡疾。官員無計可施，唯有就地用混凝土把棺木的位置封起來，不讓他人見到。相傳石棺的位置，是在華基樓對面的一個平臺下方；平臺上面是道路和巴士總站，平臺下方則終日見不到陽光，時常「陰風陣陣」，這點我在現場也感受得到。

我認真翻查了華富邨興建前這一帶的歷史高空圖片，雖然時代久遠解析度不佳，但我也有九成相信傳說石棺所在的位置以前是雞籠灣墳場的一部分。這不是說石棺傳說就是真的，但同樣在客觀上為鬼故事提供了社會心理的基礎：早期遷入華富邨的居民感到這條邨位置偏遠，又是建在墳地之上，便通過鬼故事來釋放

石棺的位置，據說就落在華富邨華基樓對面的巴士總站平臺下方，即圖片右方密封水泥牆一帶。

不安的感覺。

說到這兒，大概已清楚說明我是用文化地理學的角度理解公屋鬼故的：一個地方鬧鬼，是因為這個地方在現實社會中有重大的文化意義；但這個意義可能在制度中得不到有效梳理，便唯有通過鬼故事來流傳後世，甚至讓本來無法達到的正義通過鬼怪的復仇得以章顯。寫鬼，從來是寫人。

舉個例，在華富邨以外，最嚇人的公屋鬼故應該是荔景邨情殺案的現場。一九八四年荔景邨發生情殺案，一名男子持刀到女友居住的荔景邨家中斬殺女友及其妹妹和母親，三人均是頸部大動脈被割斷，結果兩姊妹死亡，母親經搶救後得以保命。事發單位之後不斷傳出鬧鬼傳聞，有說後來遷進去的新住客都急急遷走。之後房屋署直接把事發單位和相鄰單位以磚頭封閉並髹上漆油，兩個單位成為消失的密室。官方的解釋是單位下層的變壓器機房要擴建，空間不足所以要利用上層。

我當然無法證實傳言真偽，但某住宅單位或大廈發生慘劇後被視為鬧鬼地點，在古今中外都十分普遍。但回到先前天水圍的討論，居於公屋的都是低下階層，發生緊急情況時應對的社會資源比較少；以前公屋沒有保安，緊急情況發生後尋求救援也可能較慢。鄰里本來就不完全自願選擇住在該處，慘劇發生後也不能隨意向房屋署要求調遷到其他單位，每天都要被迫面對事發現場……在這眾多因素之下，公屋鬼故一定程度上也可以從文化地理學去解釋：平常無法說話的人，要通過鬼怪來幫他們說話。

我的問題是，我們都不是古人，不應該只可通過轉了十個彎才到重點的寓言故事來發聲。我們，我是指在公屋長大的我們，可以更直接一點地說我們自己的故事嗎？

1 https://www.youtube.com/watch?v=9ybxCaaxroY

5

我和我的公屋

滿天神佛

在香港社會對公屋的眾多主流論述當中，如何能聽見公屋居民的聲音？如果我們拉闊一點，把「說話」擴張為任何在規畫之外的呈現，那只要我們細心去聽，我想我們還是可以聽得到公屋居民的聲音的。

前面提到華富邨鬧鬼，居民除了口耳相傳各種鬼故事之外，還利用了一個非常「實在」的方法回應：擺放神像。不只一個，而是數千個。在華富邨靠海的一邊，從旁邊華貴邨的一個球場的後面，跨過圍欄走過去，你會到達岸邊的一片山坡，在山坡上有數以千計的神像，全部都是由附近的居民自發送過來的。

這個神像山還有位義務管理員：年過九十的黃伯。據傳媒報道，黃伯以前是當豬肉販的，退休後來到華富邨生活；自覺殺生太多，見到岸邊有些被棄置的神像，便自發打理。後來愈來愈多人把不再供奉卻又不敢當垃圾棄置的神像送來，於是神像山的神明便愈來愈多。這兒最多的是觀音和關公，但也有耶穌和聖母，

華富邨旁的神像山，這些神像全由香港市民自發送來此處安放。

就連泰國四面佛和日本招財貓也有。黃伯沒所謂，什麼都拜。

相對於立陶宛的十字架山，這個香港的神像山背後沒有什麼抗爭議題。不過，在寸土尺金的香港如此不按規矩地使用公家土地，本身已相當反叛。因為附近是公園範圍，神像山應該也屬政府管理的。康樂文化事務署在現場貼有中英雙語告示：「嚴禁擺放雜物：請勿把無人看管的物品擺放在本場地範圍，該物件將會被移走／清理」；還有一張應該是只有這兒才有的「告示：嚴禁在此擺放神位及燃燒香燭冥鏹（紙錢）」。政府的立場是宣示了，但神像還是愈來愈多。

據說自從有了神像山之後，邨內各種鬧鬼事件好像真的減少了。這是神靈保佑還是居民心靈通過主動參與而得到慰藉，大家可以自行選擇喜歡的答案。倒是黃伯年紀已很大了，以後也不知道會不會有人繼承他的義務管理員工作。政府則已計劃重建華富邨，不過道理上應該不會直接影響到神像山。新邨的基地可以十分肯定是在雞籠灣墳場的舊址，建築工地已挖出大量石刻的墓碑，不過政府好像沒有打算為此做什麼保育研究。我敢斷定，如果到時政府敢動神像山，新邨必定再次鬧鬼。

因為神像山太傳奇，常常有傳媒訪問黃伯。在其中一個訪問中，他自豪地說神像山全港只此一家。這個嘛，嚴格說來不是，將軍澳那邊還有另一個，不過那邊的故事有點不一樣。

在將軍澳的景林邨，有一座民間搭建的觀音廟。二〇一一至二〇一二年期間，邨內發生多宗自殺慘劇，造成四人死亡。之後有居民在邨內一角搭建觀音廟，又請和尚到邨內祈福。說到這兒，聽起來好像又是一個華富邨神像山的故事。但在景林邨，觀音廟帶來的爭議則複雜得多。

本書所說的公屋，除了包括出租的資助房屋外，也包括一些本來是出租的，後來卻賣掉的資助房屋。有些屋邨本來在入伙時所有單位都是出租的，但隨著政策改變，有些單位後來通過「租者置其屋計畫」以低廉價錢售予原來的租戶。這個政策本身有很多爭議，但這兒要展開的是之後的問題。租戶從政府購入單位後，也就變成業主了，而在一定限制下可以再轉售（如禁售期、買方資格，或要向政府補回資助，又稱「補地價」）。其他政府對物業買賣的正常管理，對這些已售出的公屋也適用，而觀音廟的出現正正在這點帶來了爭議。

問題的重心，是觀音廟算不算違章建築。因為景林邨是「租置屋苑」，有一部分的單位已經賣出，屋邨管理不是政府自己說了算，要和已購入單位的業主協調。對於違章建築，政府可以要求業主拆除；如果沒有執行，則政府可在土地契約中加注（又稱「釘契」），提醒日後欲購入相關物業的買家可能要承擔相關的法律責任。自從出現觀音廟後，景林邨已三次被地政總署「釘契」。據稱因為「釘契」，景林邨的房價比同區其他的「租置屋苑」要低。

可以想像，事情發展至此，不會每一位景林邨的居民都會歡迎觀音廟。然而事隔十年，觀音廟繼續存在。據傳媒徵查，懷疑觀音廟實為黑幫據點，包庇附近的非法賭檔；又說觀音廟背後的組織每年會以打齋為名在邨內籌款，而祭祀活動也為邨內居民帶來滋擾。

景林邨觀音廟的爭議，讓我想起城市地理學當中有關公共空間的討論。很理想主義地去想，我們可以很浪漫地說土地屬於人民，公眾可以自行決定公共空間的運用，甚至自行創造出新的公共空間。例如美國加州柏克萊就有個因學生抗爭而被創造出來的「人民公園」，支持者認為他們創造了真正自由的空間。現實世界當然要複雜很多，「人民公園」很自由，於是引發了治安和衛生問題，有些住在附近的居民反過來指他們的生活空間受到侵占，在自己的社區中不再感到安

每逢出太陽的好天氣，在舊式屋邨常可見到住民把衣服拿出來曬。此處為新界葵青區的石籬一邨。

全。

「跳出管理主義的宰制」是一件很讓人雀躍的事情，特別是在我一直強調「每一呎都是政府規劃出來」的公屋，簡直就是直接挑戰權威的革命行動了。但對規則的衝撞只是故事的起點而不是終點，接下來怎麼辦才是更重要的問題。

只要有空間和權力，就會有空間和權力的對話，完全的管制或完全的自由從來都不存在。沒錯，公屋是政府蓋出來的，但從第一座公屋落成開始，居民就已經不按政府的原初規畫來利用公屋的物理空間。找個天氣好的日子去舊式屋邨，你會發現到處都有人在公園或附近山坡的圍欄晾曬衣服被鋪。太陽是最佳的消毒劑，公屋單位又大多狹小，要好好利用陽光則只得好好利用公共空間。有時候有些人會再過分一點，在公園擺地攤晾曬乾花或食材，很明顯之後是要拿去賣的，公共空間成為臨時的工業生產空間了。

本來政府是不容許居民在屋邨的公共空間晾曬衣服被鋪或者乾花食材的，「不准曬晾」的告示牌到處可見。但要執行這規則實在成本太高，管理處往往只好視而不見。後來有些新屋邨索性在設計時便設立了公眾晾曬區，備有掛鉤方便使用，向居民的實際需求妥協。

另一個類似的情況，是每年夏天鬼節的時候，居民在路邊「燒街衣」供奉孤魂野鬼的祭祀活動。幾經多年禁無可禁後，不少屋邨的管理處也就寧願每年在邨中設置供居民燒香和焚燒冥鏹的設施，集中進行以減少對其他居民的影響。這也是一種進步吧。

當然，管理者不是每一次都會妥協的。例如以前每逢中秋節，屋邨小孩都會在公園以點蠟燭為名公然玩火。常見的玩法是「煲蠟」，即把蠟燭盛載在器皿（如月餅罐）中加熱至熔化燃燒，大膽的小孩更會向蠟液噴水以壯火勢。後來因為發生多次燒傷意外，政府對「煲蠟」嚴加禁止，對新一代的屋邨小孩來說，「煲蠟」已成為歷史傳說。

不知道是不是整個香港社會的管理主義作祟，近年公屋環境的各種規條好像愈來愈多。隨著二〇〇三年非典型肺炎，公屋引入「屋邨管理扣分制」。在窗或露臺外掛放地拖會扣三分，積存汙水導致蚊患會扣五分，養狗扣五分，「煲蠟」也是扣五分……兩年內被扣除的分數累計達十六分，租約就會被終止。「扣分制」的引入引來不少爭議，因為制度上等於「一人違例，累及全家」，未免有點「誅九族」。過去因為政府行政程序需時，又沒有維護房價的壓力，公屋管理有時比私人屋苑更為寬容，但這點似乎已在改變當中。

管理的掣肘不限於公共空間，也伸到每一個單位當中。前面提過有些住戶為求盡用單位內的空間，會把陽臺改裝成廚房，原來的廚房則改成睡房。現在這些改動已變得困難了。近來有傳媒發現新建的公屋單位在大門和廚房門內藏有識別晶片，嚇得不少住客以為是什麼監控系統。原來背後的理由是這兩道門有隔火功能，設計上不應隨意改動；藏入晶片的目的是如果有住戶拆掉拋棄，垃圾收集的設施就會感應得到，然後管理處就可以找住戶算帳。這聽來好像有點道理，但畢竟一開始沒有向公眾解釋清楚，引來不滿也是政府自找。

我承認我對屋邨管理是很有戒心的，這不純粹是出於地理學者對空間管理的不信任，也來自我的成長經歷。禾輋邨除了有個大商場外，還有數個半露天的熟食排檔。這類設施在香港的屋邨曾十分普遍，因為排檔建築看起來像香菇，一般稱之為「冬菇亭」。禾輋邨的「冬菇亭」特別有名氣，連邨外的人也會特別走去那兒吃飯，於是從「冬菇亭」延伸出來的飯桌也就愈擺愈遠，看來是明顯超過了本來的核准範圍。街坊認為一定是管理處收了貪汙黑錢，所以排檔才能這樣有恃無恐。我當然沒有證據，但我覺得街坊會這樣說，也反映了對管理者執行權力時尺度不一的不滿。

或者我們抽離一點去說：相對於絕對的管理或禁止，空間的利用從來都是管理者和被管理員的對話，是流動而可變的。如是者，我們更應該去問的問題，是在制度上居民可以如何參與，讓這個空間利用的對話更有代表性。

蛇齋餅糭

自小我便對禾輋邨有一定的歸屬感。當然，那時候年紀很小，根本不懂得「歸屬感」這三個字是什麼意思，但我很記得自小我就覺得禾輋邨是一個我有份保護的地方：因為我真的「保護」過。前面提到，小學的時候我會隨父親晚飯後到互助委員會領取一條藍色的長木棒，在附近的花園巡邏。當然，如果真的發生什麼事情，大抵我才是需要被保護的那一位。但那條木棒已是小時候的我接觸過最厲害的武器。在想像中，我做不了卡通片中拯救地球的勇士，保護禾輋邨還是可以的。

我忘了這個活動在什麼時候終止了。記憶所及，一九八〇年代初的沙田區還是剛開發，仍然位於偏遠地區；同時，又有許多人從中國大陸偷渡來港，於是便出現晚間在邨內巡邏的需要。應該是後來新界繼續發展，城市的邊緣被推得更遠，沙田區漸漸變成市區的一部分，危險也就隨之消失。

香港的住宅大樓有三種管理組織：所有住戶都可以參與的互助委員會，只有業主可以參與的業主委員會，還有同樣只有業主可以參與並且具法定效力的業主立案法團（一般簡稱法團）。一般意義下，說起互助委員會很多時候會聯想到公屋，說起法團則會聯想到私人物業；實際上不少私人物業也有互助委員會，而當公屋開始出售後也有公屋的法團。此外，街坊會曾在一九五〇和一九六〇年代擔當居民組織的角色，在當時的難民社會提供緊急救濟以至醫療教育等服務；不過因為一般不以個別屋邨作為組織基礎，在屋邨的地位到一九七〇年代已被互助委員會所取代，這兒就略去不做討論。

一九七〇年代的香港，政府管治仍相當封閉，立法局沒有一名議員是選舉出來的，主席還是由英國派來的總督兼任，一般人沒有機會參與任何公共事務。前文提到麥理浩希望推動香港人的自我認同，但又不想直接推動民主化，於基層推動某種開放管治就成為了一個窗口。這個最早期的「民主化」就是從地方行政開始的，而最底層的應該就是互助委員會。一九七三年，政府推出互委會計畫，推廣鄰里互助建設，改善大廈管理、治安和清潔等問題。

互助委員會是我認識的第一個「民意機構」。禾輋邨的落成時間和政府推動地區行政參與的時間差不多，禾輋邨各座大廈也成立了互助委員會。記憶中每隔一段時間便有推舉代表的活動，小時候的我隨父母走到我們那層樓的電梯大堂，圍著一張不知道是誰搬來的摺檯，一班人圍一圈不知道過了多久就散會。

我對互助委員會實際活動的記憶只有三個。第一個剛才說了，就是領木棒的地方。其二是聖誕節會有聖誕老人派禮物。從前每年聖誕，互助委員會都會找來義工穿起聖誕老人的裝束，逐家逐戶拍門派糖果給小孩子。印象中互助委員會派的糖果，都是最便宜、質素最差的那種糖果，自己去零食店也不會買的那種；但小時候，反正有免費送的糖果，還是十分期待。後來不知道是不是邨內人口老化，沒那麼多小孩子了，這個年度活動在我印象中已經消失。

第三個印象，是「歡樂滿東華」。早期英殖香港華洋區隔，港英政府如非必要都不想去理會華人社會的事務，一些華人領袖也就填補空間提供社會服務，東華醫院正是第一代的華人慈善團體。東華醫院後來擴張成為東華三院，無綫電視則每年為東華三院舉辦籌款晚會，稱為「歡樂滿東華」，是電視臺年度大型節目。除了有歌影視名人表演之外，「歡樂滿東華」的另一重點項目是屋苑籌款比賽，各條屋邨會競爭籌款數字。這活動在一九八〇年代是件大事來的，屋邨之間會互相比並；彩虹邨曾獲八屆冠軍，包括兩次三連冠。記得有年禾輋邨進了頭十名，也讓我高興了一回。這活動到今天仍在，但不知道是因為無綫電視的收視下降了、「歡樂滿東華」不再有吸引力了，還是屋邨本身的內聚力減低了，近年很少留意到相關消息。問朋友知不知道這活動，大家的反應都是：「還有在辦的嗎？」

如是者，三個我對互助委員會的印象，都一一變成歷史。

這兒不是說互助委員會不重要，而是它被吸納了。到了一九九〇年代，互助委員會很大程度上已成為體制的一部分。房屋署在一九九五年成立了屋邨管理諮詢委員會，邀請互助委員會的代表加入，把居民諮詢規範化（有評論直接稱為「顧客化」和「去政治化」）。與此同時，反映居民意見和組織社區活動等的功能亦被另一個機制所取代：區議會。就連互助委員會本身，也被吸納成區議會選舉的椿腳。

區議會是從一九八二年開始的，源於過渡期間港英政府對港人自治的放權，為九七後的「港人治港」做準備。全港共有十八個分區（曾一度增加到十九個，後來又縮減回十八個），每個分區有若干個選區；九七前是每三年一度，九七後則是每四年一度由選民投票選出區議員，是香港正規政治體制當中最基層的民意代表。

區議會的政治分析有公屋選區的說法，即選區範圍主要為公共屋邨，大多數選民都是公屋居民的選區。早期一些民主派元老第一次參加選舉，就是從公屋選區當選的，例如葵涌東選區的李永達，葵涌中選區的梁耀忠，以及大興選區的吳明欽。當時區議會還剛剛開始，不少早期民主派議員本身是年輕教師或社工，兼職擔任區議員服務社區。他們本身的工作都涉及人際關係，甚至還讀過不少社區組織的理論，相對傳統的街坊會代表更有優勢。一九八〇年代不少屋邨陷入先前提及的「二十六座問題公屋醜聞」，需要維修甚至拆卸重建，成為他們發揮所長的機會，組織居民爭取權益。

不過到了九七後，公屋選區逐漸成為建制派選區的代名詞。建制派發現了在公屋當選的方程式，投入大量資源競選，把公屋變成建制派的票倉。

區議會選區每區人口大約一萬六千人，每屆選舉出來投票的一般有六千人，單議席單票制（單一選區制）下如有三千票左右的鐵票已有一定勝算，而三千票是可以「握手握回來」的。公屋選區因為人口密集而且居民背景相近，特別容易辦到這件事。如果想在公屋選區參選，當選方程式是提早兩年全職在邨中擔任政黨的「社區幹事」，每天早上趁居民外出上班的時候在邨內主要通道派傳單介紹自己，建立勤力的形象；其他時間則在邨中的公園涼亭和老人聊天拉關係，平時送些小禮物，讓老人們感到自己受重視，到選舉時他們就會投你一票。

問題來了：要提早兩年全職在邨內拉關係，這兩年的工資誰來給？要不時派小禮物給邨內老人，這些資源又從何而來？這時候，建制派政黨相對於民主派政黨的優勢就出來了。找個愛國商人捐點錢，這些開支很容易可以解決；反過來，香港沒有政黨輪替，民主派在香港從來沒有執政過，一般有錢人亦不想得罪中國政府，有誰會捐錢給民主派呢？通過大花資源建立各式人情關係網，很多公屋選區就一個又一個變成建制派選區了。

本來整體來說，香港的民主派支持者比建制派支持者多，這點在大多數的公屋選區同樣適用。翻查立法會選舉的點票（開票）紀錄，即使是公屋選區，民主派候選人的總得票仍然普遍比建制度派的要多。那為什麼來到區議會選舉的時候民主派卻會輸掉呢？這是因為很多民主派選民覺得區議會選舉不重要，也就沒有去投票，於是乎建制派用人際關係經營出來的鐵票就發揮作用了。

為什麼民主派選民會覺得區議會選舉不重要？這很大程度上也是建制派營造出來的。向老人派小禮物等招數，容易讓人以為區議員的功能只是搞聯誼活動的。這些小禮物有個統稱，叫作「蛇齋餅糭」，即蛇宴、齋宴、中秋月餅和端午糭（粽子）的合稱，反正就是找個理由攏絡選民。一般人看到那些區議員一天到晚在辦這些活動，好像只是個範圍大一點的互助委員會似的，便會輕視區議會的功能。

建制派區議員也喜好不停向選民匯報他們「成功爭取」了什麼，從行人過路燈延長兩秒到銀行提款機旁邊增設廢紙箱等，要多零碎就有多零碎。在公屋選區，有些建制派區議員每逢選舉就會逐家逐戶去查問住宅單位有沒有漏水，要不要找房屋署來維修等等。對於政治理念先行的民主派選民來說，只要他們覺得區議會很無聊，投票日沒有出來投票，建制派的策略就成功了。

位於黃大仙區的富山邨，屬瓊富選區，民主黨前主席胡志偉在這裡連續當了五屆區議員。

現實上區議會的實權雖然有限，但也不至於像建制派議員所顯現的如此用處。政府每年撥款舉辦社區活動的經費，由區議會負責分發，就變成建制派議員輸送利益到和自己相關的機構的途徑，後面的潛在利益衝突數之不盡。區議員本身在立法會選舉中也起樁腳功能，協助候選人在選區中拉票，大大提高同一政黨候選人的勝算。這也是建制派積極投入公屋選區的原因。

因此，每當我在公屋選區見

到有在艱苦經營的民主派區議員時，都特別敬重。例如在黃大仙，民主黨前主席胡志偉就在富山邨的瓊富選區連續當了五屆區議員，民協（香港民主民生協進會）的許錦成在竹園南邨的竹園南選區更連任了七屆區議員。民主派的公屋選區區議員都是逆風而行的，在社區條件和選舉資源都嚴重不利的前提下緊守崗位。

而如果有新晉民主派議員成功在公屋選區擊敗建制派的尋求連任者，更會被視為未來政治新星。二十多歲時便在鴨脷洲利東邨的利東一和利東二選區勝出的區諾軒和羅健熙，當時就獲傳媒追訪，被稱為「利東孖寶（雙子）」。和他們談區議會的工作，總感到擔子千斤重。有次在「孖寶」的辦事處和羅健熙聊天，我們一邊談政治局勢的大問題，同時一位又一位基層街坊走進來尋求各種幫助，從不識字的要填政府表格，到年邁長者要找議員見證自己立遺囑不等。

民主派區議員要周旋的對象，還有作為屋邨管理者的房屋署。早期區議會選舉的一個常見競選方式，是候選人在屋邨中每座大廈從頂樓到底層走一次向居民拉票，俗稱「洗樓」。後來這活動被納入管理，候選人進行家訪要提出申請，確保不同派別的家訪不會在同一時間發生。這些管理看來只是為了向居民「提供一個安全、清潔和寧靜的環境」，但在欠缺權力制衡的香港，有管理就等於可以濫用管理。例如當區議員在公屋大樓貼海報變成要申請後，房屋署就可以加入各種要求，首先是「不含有違法、不雅、誹謗、或影射的信息」，然後變成「不可對個別人士或團體有負面或貶斥評語」，結果從過去悼念六四的海報也可以貼，變成抗議港鐵「吸血式加價」的海報也不能貼……至於怎樣的海報算是「屬資訊性或載有與公眾利益有關的信息」，怎樣的海報算是違反指引，就連申訴專員公署的調查也直指「準則混淆」，就算同一張海報在不同屋邨也會得出不一樣的審批結果。

宏觀去看，區議會選舉，特別是公屋選區的政黨化，以及後來民主派在公屋選區中的失利，除了要怪在「蛇齋餅糉」之上，後面還有更廣闊的政治格局改變。香港立法機關的民主化比地方行政略晚數年，直接選舉要到一九九一年才開始（麥理浩曾在一九七〇年代答應過英國要委任三名有互助委員會背景的基層代表進立法局，後來不了了之）。但立法局選舉一旦開始了，重要性畢竟比區議會高很多，就變成了公屋政治的新戰場，而區議會選舉則成為其踏腳石。站在港英政府的立場，把公屋居民的組織者拉到立法局當中，在設定政策時預留空間和他們討價還價，讓他們有「成功爭取」的機會，能協助提高政策的認授性（正當性）。

事實上，民主派亦曾經按這一門路為公屋居民爭取到不少權益。在一九九七年六月二十八日，特區成立前三天，也就是香港史上唯一一屆民主派占多數的立法機關被中方廢除前三天，民主派成功通過《一九九七年房屋（修訂）條例》限制公屋租金加幅，規定租金不得高於入息中位數的百分之十。這條法案的法案委員會主席就是上面提到的，公屋選區區議員出身，後來當上立法會議員的李永達。

這條條例果然很快發揮作用：在亞洲金融危機之下，香港陷入經濟衰退，市民收入大減；有些屋邨重建後所訂的租金和經濟環境脫節，觸及「百分之十」

的法定紅線，有居民團體提出司法挑戰。經數年檢討後，政府的反應是：一次過（一次性的）減了一次租，也規定以後每次加租的加幅不得超過百分之十，但同時卻拿走了法定紅線。來到今天，不少屋邨的租金與收入比率已明顯超過百分之十。

兩次關於租金的修法，政治處境完全不同。九七後，和議員討價還價的主體從港英政府變成特區政府，於是討價還價的對象不再是民主派而是建制派。民主派在此就變得進退失據：既已不再是最初動員居民的組織者，也不見得可以在體制內拿到「成功爭取」的光環。當初走進議會是內外夾擊，九七後卻變成有點兩邊都不是。當然，回頭再想，港英時代民主派的影響力其實很大程度上也是虛火（假象）；如果不是只剩最後三天，一九九七年的港英政府還會任由立法局提出限制公屋租金的法案嗎？

與此同時，隨著各種針對公屋居民的服務被政黨建立選舉樁腳的需要所吸納，單獨以公屋居民名義去發聲的空間也隨之而減少。一九七〇和一九八〇年代曾有不少居民組織，如公屋評議會和公屋聯會等以公屋居民利益為題的壓力團體；加上當時屋邨居住環境惡劣，舊屋邨重建和新屋邨租金等問題眾多，居民運動曾盛極一時，示威集會不時有之。隨上述屋邨管理的正規化和政黨政治成熟，這些團體的影響力已大減；公屋評議會已經解散，公屋聯會則很大程度上已變成建制派政黨的側翼。

就連房屋委員會本身的組成，也在政治浪潮當中被改變。英殖時期，政府奉行沒有選舉卻要裝作開明的「行政吸納政治」，設立法定機構再委任受尊重的社會賢達擔當委員，以提高政府的認授性，而房屋委員會正是這樣的一個機構。房委會於一九七三年成立時，主席是政府的官員，到一九八〇年代末開始由總督任命非政府官員擔任（雖然首位非官守主席其實是已退休的最高級官員鐘逸傑）。房委會問責的「高峰」，大概就是在二〇〇〇年房委會工程被揭發偷工減料，立法會以監管不力為由，通過對房委會主席王葛鳴的不信任動議，王葛鳴在表決前毅然辭職（不過同時被通過不信任動議的房屋署署長苗學禮卻沒有辭職，被坊間批評為棧戀權位）。數年後，政府把房委會主席的位置收回，恢復由政府官員擔任主席。至於委員本身，港英政府在一九八〇年代末開始委任居民團體領袖和民主派議員擔任委員，然而二〇二二年的香港已沒有民主派的立法會議員，自然也不會再有民主派議員在房委會中。

是的，過去數年，香港政治變得天翻地覆，就連民主派政黨本身也自身難保了。得說明，即使到了一眾新老非政府組織都已紛紛解散的今天，仍有少數人默默推動基層住房議題，例如關注基層住屋聯席和全港關注劏房平臺，讓媒體中不至於完全失去來自基層的聲音。

公屋居民對屋邨管理以至公屋政策本身的參與，無可避免受宏觀政治格局的改變左右。香港七十年的公屋發展，見證殖民管治從專制走到開明，再由英國殖民地變成中國特區（更別說中國政治過去十年又起了翻天覆地的變化）……那些遠在天邊的改變，在屋邨中都有現實的影響。

太和的後裔

在屋邨當區議員，有很多看似和政治無關的工作，但累積下來都是政治，儘管選民投票的時候未必會這樣想。公屋選區的「非政治化的政治」，在業主立案法團當中也可以見到。包括出售部分的公共屋邨為了維護個別業主的權益，會設立業主立案法團負責管理事宜。過去小業主大多不關心法團運作，自己不會出席法團大會，見到有其他業主肯參選便簽名授權他們擔當法團代表。久而久之，不少法團都出現欠缺監督和管理混亂的問題。

前文提到景林邨觀音廟因被檢舉為違章建築連累全邨「釘契」的爭議，程序上應是房屋署發信予法團清拆僭建物，但法團不單止沒有行動，更站在觀音廟一方指責房屋署的清拆令是褻瀆神明。有調查發現法團所選的管理公司亦是為觀音廟搭建戲棚的公司，法團、管理公司和觀音廟之間的關係千絲萬縷。

為什麼有勢力人士會想把持屋邨法團的管理？因為屋邨管理是個大金庫。一條屋邨就算只計算已出售部分，往往已是過千戶的住宅單位，即使每個單位每月只是數百港元的管理費，加起來已是每月數十萬的帳目。當中每一個細項，從新年請醒獅隊到贊助老人千歲宴，都可以是利益輸送的機會。如果遇上全邨翻新的

屋邨管理背後有很大的利益輸送空間，常為建制派或有力人士把持。近年來有不少屋邨住民參選法團，希望能把他們認為涉嫌利益輸送的法團給趕走。圖為景林邨的法團競選海報。

大維修，工程費用更可以是以億元計。過去就常有傳出法團在背後和數家工程公司合謀圍標，爆出天價維修案。景林邨法團的維修基金就曾被質疑帳目混亂，大筆儲備在沒有大型工程期間的數年間連年虧損耗盡。

既然法團是由業主投票選出來的，出了問題是不是也可以由業主用民主手段推翻結果？道理上是這樣的，但實行起來卻不容易。屋邨業主很多本來都來自低下階層，只是趁政府推出「租置計畫」時以低廉價格購入本來租住的公屋單位，當中年紀老邁、學識不多的長者業主比比皆是。他們的子女不一定在身邊，即使同住者平時也為口（生計）奔馳，不一定有時間參與屋邨管理。和區議會一樣，當大家的關注力不在，利益輸送就可以發生；不過區議會輸送的是政府撥款，法團輸送的則是每一位業主所交的管理費。

關係到切身利益，近年有愈來愈多的屋邨法團出現爭議，也開始有屋邨的新一代自發組織起來參選法團，嘗試把他們眼中涉嫌利益輸送的法團趕走。近年比較有名的案例是「太和的後裔」。

二〇一六年，太和邨爆出天價圍標疑雲。事源邨內大廈外牆老化剝落墮下擊傷路人，屋宇署勒令維修。法團尋求報價，結果每座大廈的維修費用要九百多萬港元，三座要維修的大廈合共就要花近三千萬，邨中每戶要分攤過萬元的開支。對於邨中很多除了自住物業之外一無所有的獨居老人，這是一筆不小的開支。於是有邨民就組織起來，嘗試推翻工程。

這班居民自稱「太和的後裔」，名字來自同期韓劇《太陽的後裔》。本來的名字是「大埔太和邨管理費加價關注組」，但讀起來太長，於是起了個新名字。這名字在邨內也很能產生共鳴，因為他們不少都是太和邨年輕的一代，在邨中長大，自覺要保護自己成長的地方。成員來自各行各業，在事件中各展所長：當小學老師的負責宣傳文字，懂電腦的負責製作單張，還有從事市場設計的成員以搶眼的顏色和精準的語言來做設計；因為邨內有不少長者是鶴佬人，[1] 於是又有懂鶴佬話的成員負責向他們講解，爭取他們的信任。雖然大家平時都要上班，但靠網上通訊軟件聯繫便成功快速組織起來。通過他們的動員，平時無人參與的業主大會一下子擠滿過千居民，成功迫使法團把工程重新招標。原來本來叫價二千多萬的工程，原來有很多內容都不屬最初屋宇署命令所要求的，最後只花了七十萬便解決。

但他們不滿足於此。為免事件重演，他們組織老中青居民參與法團選舉，結果以九九％票數當選。之後又有成員化身「三四四解圍特攻隊」（指界定法團權責的香港法例第三四四章《建築物管理條例》），把自己的經驗傳授給其他面對圍標疑雲的屋邨。數個月後，輪到青衣長安邨的爆出天價維修案、維修基金嚴重虧損等事件。借助「太和的後裔」等其他屋邨的抗爭經驗，居民成立「長安後浪」推翻了舊法團。

在這些案例當中，不難見到一些共通點。出問題的舊法團，往往和建制派政黨有關聯。景林邨法團的舊主席，後來代表工聯會參選區議員；太和邨法團的舊主席則是民建聯大埔支部委員。不過挑戰舊法團的街坊組織，則普遍拒絕任何政黨標籤，有意識地不讓民主派和建制派的政治爭議介入到他們的組織當中。也難怪，香港人的政黨忠誠度從來都很低，民主派政黨在民主派支持者心目中的形象也很低。挑戰者為了爭取最廣泛的支持，強調自己公平公正，選擇和政黨保持距離是合理選擇，亦可被免被攻擊為「被邨外人利用搞事」。

雖然他們不自稱為民主派的一員，但我認為一場又一場「光復法團」的運動，和整個香港抗爭運動的社區覺醒是分不開的。二〇一四年的占領運動，在很多人眼中是以失敗告終，並在反對陣營當中帶來不少分裂，經歷了一段來自運動創傷的低潮。不過，占領運動結束時亦出現「傘落社區」的號召，後來看還是有一定影響力。這號召背後的理念很簡單：如果未能即時在大政治當中取得實際成果，就先從日常生活開始吧！這個簡單的轉念，即時效果並不明確，但就好像埋了一顆種子，在恰當的時候便會發芽。

在二〇一五年的區議會選舉中，已有不少新人磨拳擦掌，要挑戰一些盤據公屋選區多年的建制派議員。在柴灣漁灣邨的漁灣選區，連任六屆的民建聯鍾樹根被以傘下爸媽／香港民主宣傳小組為政治連繫的徐子見意外擊敗。在觀塘樂華北邨的樂華北選區，連任四屆的馮錦源被另一「傘後組織」東九龍社區關注組的黃子健所擊敗。當然，不是每位挑戰者都能成功。在天水圍的天恒邨，代表民建聯和工聯會的陸頌雄以大比數擊敗了天水圍民生關注平臺的王百羽。

但這只是個起點。在二〇一五年之後，愈來愈多年輕人出來準備參與區議會選舉，其中不少更是對準公屋選區。這種在當時看似是「燈蛾撲火」的做法，後面有一個現實政治的原因。由於區議會選舉採取單議席單票制，為免民主派之間鷸蚌相爭，一般會追求選舉前先作協調。過去的協調機制，是只要一個民主派政黨前一屆在一個選區沒有輸得太難看，就可以享有在這個選區出選的優先權。這個設計的原意是要讓上一屆只以輕微票數落敗的候選人，可以下一屆在同區捲土重來。不過實行起來的後果，卻是讓那些沒有政黨背景的素人要參選時，只能挑一些建制派已連續當選多年，傳統民主派政黨已經放棄的選區。承接前面的討論，這些選區不少都是公屋選區。

但再難的事情，總會有人去試。這兒介紹兩個很有代表性的例子。

第一個是大埔的廣福邨。

廣福邨由兩個區議會選區組成，分別為廣福及寶湖選區和宏福選區。民建聯的黃碧嬌在此已盤據了十六年，其中頭十二年在宏福選區，之後四年在廣福及寶湖選區。在二〇一一年的選舉，黃碧嬌在宏福選區自動當選，沒有民主派敢挑戰她；在二〇一五年，她在廣福及寶湖選區得票六成六，大比數拋離另外兩位對手。她在大埔區的影響之大，區內傳言足以迫使巴士公司將巴士路線繞經廣福邨。在二〇一九年選舉前約半年，她更獲該屆區選員互選為大埔區議會主席，此時五十四歲的她可謂風頭一時無兩。

就在這時候，她的對手出現了：出身廣告業，當時只得三十歲的連桷璋。連桷璋的外表確實很像一個廣告人，留長頭髮和鬍子的他坦白說看來有點不修邊幅。傳統政治分析告訴我們年輕人要在公屋選區出選，一定要是乖孩子形象，才能討得長者和中年婦女選民的歡心。道理上連桷璋的藝術家外型在中產選區還可能有半點勝算，在公屋選區必然趕客（不受歡迎）。

意料之外的，是他從一出道開始便獲好評如潮。他利用廣告創作的技巧，為屋邨生活帶來新的生命力。例如相對一般區議員指定動作的派發免費月餅，他趁中秋節在邨中搞了個燈會，放置攤位遊戲供小孩玩耍，旁邊提供即製的爆米花和棉花糖，氣氛簡單而溫馨。整場晚會點睛之處，是放置了一個比人還要高的月球燈飾，連邨外人也跑到廣福邨找這月球拍照。相對於過去區議會主辦的大型燈會，連桷璋的燈會低成本高效益；我後來不只一次從廣福邨的居民口中聽到，那場燈會讓他們重拾對廣福邨的歸屬感。

第二個是沙田的水泉澳邨。

前文提過，水泉澳邨作為新落成的公屋，刻板印象是新移民的聚居地；而在選舉分析當中，一般認為相對其他公屋選區，「新移民邨」因為居民來自中國大陸，本身對政治訴求的起點低，更容易傾向建制派。以上兩點嚴格來說都不是事實。新落成公屋的新移民在比例上雖然略為較多，但遠遠不是多數；而即使是新移民，也不見得一定會投向建制派。但這道理說出來容易，還是要有人有膽去試。水泉澳剛好遇上了這樣的一位年輕人：三十一歲的盧德明。

先說說地理位置。水泉澳邨位於沙田東南面的山上，本來是一個挖泥區。山下面的沙角邨、乙明邨和博康邨（合稱沙乙博），已分別入伙三、四十年，是沙田區的老牌屋邨了。近年公屋輪候時間愈來愈長，政府決定大規模開發這片山頭為公共屋邨。有新的人口，就代表有新的區議會議席，於是各路人馬也躍躍欲試要來開拓票源。

沙乙博本身和很多公屋選區一樣，曾長期被建制派盤占。但在二〇一一到二〇一五年期間，一件奇怪的事情發生了：幾位脫離傳統民主派政黨的年輕人，通過綿密的地區工作，加上共用資源的加乘效應，把這三條邨的議席都搶了回來。這時候，水泉澳邨即將入伙，他們找來盧德明當新的拍擋，要把他們的成功在這兒再複製一次。

相對於廣福邨的連椈璋，水泉澳邨的盧德明在策略上要傳統一點：勤力、勤力再勤力。新屋邨還是一片建築工地的時候，他已經跑到山上在工地外設立臨時服務處，認識拿到「預派紙」[2]但還在等待入伙的未來居民。到了政府派門匙的時候，他已經有一個自己建立的居民資料庫。從協助取門匙、裝修、小孩入學，到爭取對外交通，所有「開荒牛」的工作他都全力幫忙，爭取居民的信任；反過來，這批居民見他沒有資源，派不了「蛇齋餅糭」，不忍心他的辛勞得不到其他邨民的認可，就反過來做義工撐起他的工作，幫助他進一步建立人際網絡。到水泉澳邨要選舉互助委員會的時候，十座大廈，他的友好居民代表贏了九座，全邨都是他的樁腳。

無論是連桷璋或是盧德明，做這麼多事情無非都是要為二〇一九年的區議會選舉做準備，向大眾證明即使是公屋選區也一樣有得打。結果，二〇一九年以意料之外的方式帶來一個民主浪潮，而且遠遠超出任何人先前的預算。

二〇一九

源於反對修訂逃犯條例，在二〇一九年下半年爆發的抗爭浪潮，是香港社會與政治的分水嶺。回頭看，二〇一九年在香港歷史的重要性不下於六七暴動（一九九七反而是無關痛癢的一年）。它打破了香港的許多政治共識，代表九七以來建制派和民主派之間鬥而不破的格局徹底終止；而隨抗爭浪潮結束，中國政府全面改寫香港政治的規則，許多過去的日常共識變得一去不復返，政治學者馬嶽稱為「自由專制的破局」。中國和周邊地區以至整個世界的關係，亦因香港帶來的震盪而改寫。

許多論者包括我自己在整場抗爭浪潮當中其實是相當迷失的，因為它的軌跡距離香港過去的社會運動十分之遠。例如抗爭者的暴力程度，和市民大眾對抗爭者暴力程度一直提升的接受程度，都完全偏離過去香港社會講求「和平理性非暴力」的傳統。整個浪潮對「無大台抗爭」的追求，也讓很多論者以至政府本身難以掌握運動的走向。

事過境遷，回到政治脈絡的分析，一時間看起來難以理解的事情固然都有它的原因。民調顯示，市民大眾願意接受抗爭者的暴力，是因為認為警察暴力更為可怕；警察暴力可以一直維持，源於非民主體制下不能產生有效的制衡。說到底，還是要回到一國兩制的先天不足，以及近十年來中國政治本身的激化。警察暴力下前線抗爭者所面對的危險，亦很大程度上在「無大台抗爭」下為抗爭者維持團結提供契機。以上觀察，近年已有不少學者撰文分析。

我這兒想集中討論的，是這場抗爭浪潮的社區面向。和過去香港的各次大型示威活動不同，它沒有停留在維多利亞公園，沒有停留在政府總部或中環。在二〇一九年的下半年，各場抗爭行動走進大街小巷，也走進了屋邨。前文提到，政治在屋邨當中雖然存在，但一直以來是潛藏的。在二〇一九年，它卻被放到最前端，讓所有人都看得到。

舉個例，在二〇一九年七月十四日的沙田區大遊行，隊伍和警察在沙田鄉事會路和源禾路的十字路口發生衝突。現場旁邊就是瀝源邨榮瑞樓，有抗爭者向在樓上本來在旁觀的居民求援，請求提供各種物質，例如阻擋胡椒噴霧的保鮮膜和長雨傘。居民隨即從家中尋得物資再直接從陽臺拋下去。屋邨居民從家中如此直接和公開的參與政治抗爭，上一次恐怕已是一九五〇、六〇年代，親中華民國的居民在屋邨廣掛青天白日滿地紅旗的那段日子了。

我這次走遍全港所有屋邨之旅是在二〇二〇年年中開始的，距離抗爭浪潮的結束已有半年時間。有些抗爭痕跡在我到達的時候已被洗刷乾淨，例如粉嶺的暉明邨應該是整場抗爭當中最後一個有掟（扔）汽油彈的衝突現場，那是二〇二〇年一月因反對政府在未有諮詢附近居民之下徵用新落成公屋作疫症隔離營而起；後來政府撤回徵用安排，修復了被汽油彈焚毀的大廈大堂，並於年底重安排讓輪候公屋的市民入住，當日的火光只留在鄰里的記憶當中。

不過，行程中仍可見到大量抗爭遺留的痕跡，提醒大家屋邨曾經也是戰場前線。而在眾多抗爭痕跡當中，以各處塗鴉和連儂牆的後遺最為明顯。

回到二〇一四年的占領運動，市民自發在政府總部外的一片高牆以彩色便利貼寫上各種互相支持和祝福的字句，被稱為香港連儂牆。[3]來到二〇一九年，連儂牆遍地開花，全港各區都有市民在公眾地方自設連儂牆。公共屋邨本身人口密集，又是屬公眾地方，也成為連儂牆常見地點。

在二〇一九年期間，連儂牆起了兩個重要功能。首先，隨主流傳媒被親中國政權的利益收編，市民不相信媒體會把抗爭的真相公開，連儂牆便成為他們對外宣傳的途徑。雖然這場抗爭浪潮由網絡動員主導，但不少參與者都意識到網絡以外尚有要被說服的大眾，連儂牆就成為爭奪民意的手段。

連儂牆的擴散十分之快，政府一開始也不知道如何處理。後來出現親政府人士和抗爭支持者在連儂牆衝突，親政府人士在連儂牆搗亂，抗爭支持者又回來修復。之後政府愈來愈主動清理，抗爭支持者嘗試修復的空間也愈來愈少。來到我到訪各屋邨的時候，所有連儂牆都已被清理掉了。但這些清理當時還不算很徹底，例如在梨木樹邨巴士總站的連儂牆，只有靠近地面的海報被草草撕去，貼得

連儂牆讓原本的「非場所」有了意義，也讓抗爭者間的虛擬關係變得真實。圖為二〇一九年反修例運動期間樂富邨的連儂牆。

比較高的海報在二〇二〇年六月的時候仍然完好無缺。

也有些清理和修復明顯經過反覆疊代，例如長宏邨巴士總站附近的塗鴉就應該經歷過最少兩次的噴繪和覆蓋。那兒的牆磚本來是淺綠色的，後來大概因為管理者要覆蓋在上面的抗爭口號，便把牆上塗上黑色；然而黑色的牆身卻引來另一系列用白色噴漆寫上的抗爭口號，於是管理者又要找來白色油漆把新的字句草草蓋上。不過最上層的覆蓋實在做得太馬虎，路過的街坊大概仍能猜得出被蓋上的是哪一句的抗爭口號。

這兒要說明一點：在二〇一九年之前，塗鴉過去在香港的公屋一直是極為罕有的，外國流行的噴漆藝術在屋邨中並不存在。可能是管理者擔心破窗效應，一出現塗鴉便會立刻處理，確保屋邨的環境完全受政府的監控。只有在群情洶湧，管無可管的二〇一九年，才出現短暫數個月的例外。

有時這些「抗爭文宣」更會演變成大型裝置藝術。在葵聯邨附近的一條連接山下到山上的長樓梯，有抗爭支持者在每一級的樓梯上寫上整場抗爭浪潮中的各個重要日子，從山下寫到山上，喻意香港人一起爬山。在長亨邨停車場上的一幅牆壁，本來是純白色的馬賽克磁磚，有抗爭支持者在磁磚方格上逐格填上不同顏色，拼出兩隻在香港代表抗爭的佩佩蛙。

人文地理學有地方感一說，即空間是抽象的，要有意義才會變成地方；如果一個場所是放在什麼空間都沒有分別的話，我們會稱之為沒有地方感。而我一開始就說了，香港的公屋從外面看起來都是一式一樣的，好像是政府在地圖上找

二〇一九年反修例運動期間，有人在葵青區葵聯邨長樓梯的每個階梯，寫上抗爭中的每個重要日子。現在雖已被抹去，但塗抹的痕跡仍提醒經過的人們，上面曾經寫過什麼字跡。

到個空間，就把預先設計好的標準規畫剪貼進去。人住在這樣的一個環境，道理上很難有地方感。但在二〇一九年，當本來的行人通道、天橋和巴士總站變成了連儂牆，人的參與就為它們賦予了意義，本來的「非場所」（non-place）變成有故事的地方了。

連儂牆的第二個功能，是成為早期讓抗爭者可以日常互相支持的聚集地點。二〇一九年的抗爭浪潮雖然以網上動員聞名，但現實上還是主要通過街頭的警民衝突呈現。連儂牆作為抗爭支持者流連的地點，讓虛擬的關係變得真實。不只一次有年輕的屋邨居民和我說以前跟同邨的居民都不認識，卻在連儂牆發現自己原來並不孤單，邨中原來有很多人和他想法一樣，反過來加強了對這條邨的認同感。

有位樂富邨的居民告訴我，有一天晚上他本來在樂富地鐵站入口的連儂牆附近流連，剛好在網上通訊軟件中得知附近黃大仙下邨的居民和警察發生衝突，便立即邀請其他在場者一起過去支援。不少居於屋邨的年輕抗爭者和我說他們從前只把屋邨看成是晚上回去睡覺的地方，到了抗爭期間才頓然發覺要守護自己長大的家園。危難是凝聚力的激化劑，衝突往往是意義的來源。而且這認同感不排外，在抗爭期間，會有邨民不時把抗爭現場附近屋邨各座大廈的入口密碼在網上通訊群組公開，方便被警察追趕的抗爭者可以跑到屋邨大廈當中暫避。

提到警察的追趕，公共屋邨作為公共空間的地位在抗爭期間曾有相當詭異的存在。道理上，為尊重私有產權，除非在緊急情況下而且有特定的追捕目標（例

將軍澳尚德邨停車場，香港科技大學學生周梓樂在反修例運動期間從此處墜下，經搶救數日後不幸身亡。

如追捕劫犯），警察不可以隨意進入私人地方。這點在抗爭初期還受到警察尊重，例如私人商場的保全會和嘗試進入的警察交涉，表示商場沒有罪案發生，毋須警察到場。有次警民衝突來到西貢的翠塘花園，有居民不滿警員進入屋苑範圍制伏市民，在場警員回答：「這裡不是私人屋苑，妳住公屋的！」實情是該處十一座大樓當中有十座是資助出售房屋，只有一座是出租的。

二〇一九年十一月三日至四

日，警察和市民在將軍澳尚德邨和廣明苑附近通宵對峙，期間警方在屋苑範圍發射四十四枚催淚彈。當晚，香港科技大學學生周梓樂被發現倒臥在尚德邨停車場二樓，懷疑從三樓墜下受傷。他被送往醫院深切治療部搶救，延至十一月八日證實不治。他的死亡帶來抗爭行動的進一步激化，整個香港都被悲憤覆蓋。前文提過，將軍澳常被評為是香港城市規畫當中最沒有趣味的地方，而屋邨的立體停車場恐怕在分析上可視為最沒有地方感甚至是存在感的建築物。但從二〇一九年起，這地方，很不幸，有它的故事了。

見字飲水

二〇一九年十一月，抗爭浪潮來到最高峰。同一時間，四年一度的區議會選舉要到了。本來多數人視為和政治不相關的區議會選舉，一下字成為支持和反對抗爭者公投對決的機會。投票率從過去的三成到四成，爆升到歷史性的七成一。

在普羅大眾的熱烈支持下，民主派和建制派的議席比例，從選前的一百二十四席對三百二十七席，完全對倒成三百九十席對八十九席。在選舉當晚，隨各票站的點票結果陸續揭曉，整個社會出現抗爭浪潮開始以來未有的樂觀氣氛。

公屋選區在民主派大勝當中沒有缺席。廣福邨的連桷璋勝出了，得三千七百六十八票，大勝黃碧嬌的二千八百零四票。水泉澳邨的盧德明也勝出了，以三千一百零一票險勝對手的三千零六十九票；別看輕這險勝，他的對手可是工聯會的鄧家彪，建制派重點培養的新一代，還當過立法會議員，堂堂一位政治明星來選區議員卻被盧德明這位新人所打敗。而且盧德明在選舉期間沒有隱藏他的政治立場，直接在正式的候選人簡介上印上抗爭口號「五大訴求　缺一不可」。

然而在當選者當中，連桷璋和盧德明這些一早部署要參選區議會選舉的，其實還是少數。選舉的最大贏家是許多從來沒有從政經驗，甚至是選舉前一兩個月才決定參選的素人。本來的想法，是許多抗爭支持者不希望建制派再如過去一樣可以在多個選區沒有競爭下自動當選，然而傳統民主派政黨一下子又沒有那麼多新人可以上場應戰，於是便有抗爭者號召大家回到自己熟悉的社區中參選。他們參選的目的本來只求牽制建制派的部署，迫他們顧此失彼，結果卻在巨浪中統統當選了。

在屋邨遊走，不難看到從前沒有見過的新晉議員所開設的辦事處。他們和傳統民主派的公屋選區區議員有一個明顯分別：很願意告訴居民他們的政治理念，一點也不擔心得罪邨中立場保守的選民。在青衣的長安邨，新當選區議員張文龍的辦事處外，貼上「願萬代仍堅守這要塞　讓願望能歸依這家邦」的抗爭歌曲歌詞。

民主派在十八個區議會分區當中，取得十七個分區的過半數，區議會變成民主派「執政」。雖然區議會權力有限，但新當選者仍很主動打破「蛇齋餅糭」的印象，讓區議會成為新的政治典範。有好幾個分區的區議會就成立「氣候變化委員會」推動社區防災和再生能源，說明他們雖然立足社區亦要放眼全球。到二〇二〇年初疫情來臨，這批新晉區議員更承擔起大量社區防疫的工作；疫情一開始的時候口罩短缺，還要靠他們分發物資，照顧區內弱勢社群。過去建制派主導的區議會每年都會趁中國國慶分錢給屬下社區團體辦慶祝活動，在民主派主導下這些撥款申請許多都被否決，有新晉區議員明言應該把錢留來提供健康支援。二〇二〇年的同志遊行，所有民主派主導的區議會都通過議案支持。

本來區議會的「變天」為持續半年而且日漸激烈的抗爭浪潮提供了一個返回體制的機會，讓民眾的政治熱情可以通過制度內的政治參與得以實踐。當時民主派還希望利用區議會大勝的契機，鼓勵市民支持參與立法會和選舉委員會選舉，選出民主派過半的立法會和與民主派友好的行政長官，在全港層面實現真正的變革。

然而這場民主實驗很快便提早結束了。二〇二〇年六月三十日，中華人民共和國全國人民代表大會常務委員會公布《中華人民共和國香港特別行政區維護國家安全法》，條文對公職人員提出國家安全的規定，要求參選或就任公職時「應當依法簽署文件確認或者宣誓擁護中華人民共和國香港特別行政區基本法，效忠中華人民共和國香港特別行政區」。過去當區議員是不用宣誓的，現在要了，怎麼辦？

問題不僅僅是自己是否願意宣誓，還有這個宣誓會否被政府承認。到了二〇二一年，立法會通過了《二〇二一年公職（參選及任職）（雜項修訂）條例》，落實宣誓要求，政壇傳出各種消息指政府會基於「宣誓不忠誠」大規模取消民主派區議員的資格。傳言更指如果區議員被取消資格（DQ）的話，政府會追討上任起算的議員酬金和辦事處經費，足以把他們迫至破產。如是者，一位又一位的區議會在壓力下辭職。剩下來的，即使肯去宣誓，亦確有為數不少被取消資格（不過他們並沒有被追討酬金和經費，說明之前的傳言似乎是政治施壓）。

回到我老家禾輋邨，在二〇一九年選出自一九八二年有區議會選舉以來第一位的民主派區議員，年僅二十四歲的李志宏，他以四千八百三十七票對三千一百七十五票大勝。到了二〇二一年七月，隨著大批民主派議員辭職，他臨危接任沙田區區議會主席。到了十月，他選擇宣誓，但被裁定宣誓無效，區議員資格被取消，禾輋邨選區代表從此懸空。

上面提過的每一位在二〇一九年當選的公屋選區區議員：連栴璋、盧德明、張文龍，都同在這段日子辭職或被取消資格。在當選的三百九十名民主派區議員當中，有二百六十五人在各種情況下辭職或離任，另有六十七人因宣誓無效而被取消資格。

而在這三百多人多中，不是每一位都能夠全身而退。他們當中有些因為參與民主派的立法會初選，早於二〇二一年初便以「顛覆國家政權」的罪名被捕，亦即「四十七人案」。他們當中不少代表設有公屋的選區，包括觀龍樓的梁晃維、漁灣邨的徐子見、田灣邨的袁嘉蔚、馬坑邨的彭卓棋、石硤尾邨的何啟明、雲漢邨的李嘉達、東頭邨及美東邨的施德來、石蔭邨和石蔭東邨的尹兆堅、朗屏邨的鄺俊宇、天恒邨的王百羽、瀝源邨的岑子杰，還有寶石湖邨的林卓廷。

每次提起袁嘉蔚，我特別感到內疚。她在大學時期便參與社會運動，很早就部署要參選區議會，積極做好公屋選區的地方工作，我在坊間聽到不少好評；原

前田灣區區議員袁嘉蔚在田灣邨的的辦事處，她因參與二〇二〇年民主派初選，於二〇二一年一月被控「顛覆國家政權罪」被捕。

本的想法，是趁這次到訪不同的屋邨，可以順道到她在田灣邨的辦事處探訪，認識新一代年輕人參選區議會的故事。但在我還未來得及到訪之前，她已被捕並失去議員資格，一直還押候審，她的新聞變成她因為在羅湖懲教所爆發的「集體對抗」而被單獨囚禁。我到最後還是有去她的辦事處，只是那時候已經關閉了。辦事處門外還貼有講解二〇二〇年公屋入息上限的海報，窗外有「牛年快樂」的揮春；見到門外一角有個貓窩，才想起以前她會在辦事處暫託流浪貓。

香港公屋七十年，公屋居民走出空匙餵食[4]的侍從主義（clientelism）政治，要從下而上的為自己說話，窗口卻如曇花一現般稍縱即逝。曾經在屋邨各處出現過的抗爭塗鴉字句，至今都已被洗刷乾淨。曾經出現過的那些立志要改變屋邨政治格局的新晉區議員，有些被還押候審逾年，有些則已流亡海外。懸空的區議員議席，政府完全不見有意欲要補選，不少評論懷疑政府打算大規模改寫區議會制度，不容民主派「變天」再次發生。政府終於二〇二三年宣布更改選舉方式，不單只候選人要先接受審查，大部分議席改為政府直接或間接委派，市民選舉的議席只有四百七十席中的八十八席，比港英時代的第一屆區議會還要少。

二〇二二年，政府去信全港一千六百個屋邨大樓的互助委員會，要求不遲於二〇二三年一月前解散。房屋局局長說以後會在住宅大樓的地下大堂擺放意見箱，居民也可以親身到屋邨辦事處提交意見。確實有居民成立團體申請要求與房委會會面，例如「監察公共屋邨福利規劃聯盟」和「撐・基層墟市聯盟」，但每次都臨時被通知會面取消。

故事寫到這裡，要終結了嗎？

也不是。水過，必留痕。見證過不一樣的世界，總會有些人不甘心就此回去，在屋邨也一樣。執筆之時，仍然有很多人在最基層堅持。

在柴灣的興華二邨，有一家已經營四十年的老牌茶餐廳，是這條老人邨內有名的「黃店」，即以支持抗爭浪潮為榮的店鋪。店東珍姐本來不問政治，餐廳以招牌炸雞腿聞名區內。抗爭浪潮來到，九七年出生的珍姐兒子出去示威遊行，還把抗爭宣傳拿回店內張貼。珍姐擔心兒子安全，店內電視長期播放當時相對持平的香港電台直播頻道，都是抗爭現場的畫面。如是者，茶餐廳被認定為「黃店」。珍姐耳濡目染，也站在抗爭的一邊。其他抗爭支持者又來幫茶餐廳重新設計餐牌，加入抗爭符號。來到今天，整個香港的政治氣氛完全改變，但那些抗爭宣傳仍然掛在店外，餐牌上的連豬和佩佩蛙仍在。

柴灣的興華二邨中的興華茶餐廳，目前仍保留二〇一九年反修例運動的抗爭符號。

即使堅持下去，不一定自然會成功。將軍澳的翠林邨有居民成立關注組「翠林邨是我家」，質疑法團未有使用市區重建局提供的公平招標服務，要求罷免法團和重新就維修工程招標。事件引發居民廣泛關注，踴躍出席業主大會，主席卻逕行宣布流會，議程無法繼續。居民的反對引來親中媒體點名批評為「反中亂港勢力」，法團發出通告叫大家要當心「被人利用捲入黑暴組織，導致觸犯維護國家安全法法例」；

關注組義工被自稱幫會人士跟蹤，義工的家被潑紅漆恐嚇，關注組唯有暫時停運。少眾媒體報道相關新聞，則被批為抹黑法團、製造輿論、擴大事端……

誠然，現在的香港已不一樣了。繼續站出來的壓力，不是每一個人都能承受。

那還可以做什麼？回到將軍澳尚德邨，即周梓樂被發現墮樓的那一條邨，當區區議員李嘉睿在被取消議員資格之前，曾在現場附近的路口掛了一條橫幅，內容不是常見的那些巴士路線資訊或提醒居民申請什麼政府補貼，而是很簡單的八個字「見字飲水　強身健體」。這數個字在二〇一九年後的香港曾十分流行：畢竟沒有人能說清未來會變成如何，也沒有人知道頃刻做甚麼才是最有意義；但無論如何，喝一口水，照顧好自己，留下有用的身體，總不會是壞事。

1 廣府民系對閩南民系的稱謂，和「河洛」對應。

2 房屋署會在新屋邨落成前數個月通知輪候的申請者獲派該屋邨，一方面讓申請者準備搬家，也讓房屋署有時間在申請者拒絕分配時可把單位分配給其他申請人，以免單位空置。

3 連儂牆的名字本身來自捷克布拉格的一面牆，共產時代末期群眾在該處以塗鴉方式表達不滿。

4 意指好像要養大你，實際上什麼都沒放進你的口中。

結——屋邨你住哪一座

二〇〇〇年初的某天，我從大學下課回家，母親說有美國寄來的信。一看是個厚厚的公文袋，我知道那應該是美國大學碩士班的取錄通知書。我們一家都很高興，我成功考上了；當然母親也理解這代表我將要離開這個家，難免會有不捨。當晚十一時許，我如常一個人到禾輋邨的「冬菇亭」吃宵夜。坐在圓桌的一邊，一邊等我的雲吞麵，一邊看圍繞著露天排檔的每座大樓上每戶的燈火，我忽然意識到，我還會這樣吃宵夜的日子開始倒數。我將會離開香港、離開沙田、離開禾輋，離開屋邨。

那一刻，應該是我第一次意識到屋邨在我的生命中將會成為過去式。即使以後我回來香港，我也不會再住在禾輋邨了。

我很幸運，成長於屋邨，又成功離開了屋邨。屋邨給予了我人生觀和世界觀，給了我對平等的執著；而因為我不再住在屋邨，我才可以在一個相對安逸的位置，把我的執著寫出來。有時我會想，如果我沒有離開屋邨，我會過得怎麼樣？我可能仍然會有我的想法，但在每天公式化的勞累後我大概只想看肥皂劇和睡覺，未必還會有氣力說出來；即使我想說出來，我也未必敢說：我只是住在政府量化生產的格子中上百萬戶的其中一戶，我的故事憑什麼值得其他人去聽？

詞人黃偉文寫過一首名為〈浮誇〉的流行曲，講述一位不受重視的年輕人渴望得到注目。歌詞中其中一句是這樣的：「在世間平凡又普通的路太多，屋邨你住哪一座。」這並非真的是一個問題，因為你住在哪一座並不重要；你住在屋邨就代表你不重要。

屋邨二字在此能引起共鳴，因為屋邨在香港不只是一個居住的地方，它有它的社會意義：全港二百五十四條邨，一千七百八十三座大廈，說得好聽是萬家燈火，換轉面看住在公屋的人某程度上已不再是一個人，而是滄海一粟中隨時可被換掉的螺絲。

在這次旅程當中，每踏進一條邨，我都會問自己：如果我來自這條邨，如果我一直住在這條邨，會是怎樣的一個故事？如果我們很用心去看，我也希望前面的七萬字能解釋到，公屋看起來雖然一式一樣，但每條邨其實都有點不一樣的：可能是建設的年代和相對應的設計，可能是所處的環境和相對應的歷史……但我想，歸根究柢，是如果你相信每個人生下來就是獨特的，那麼一旦他們和他們生活的地方開始建立關係，則不論這過程受多大的制約，自然會產生不一樣的結果。

對，即使不是禾輋邨，我大概仍會讀上一所屋邨中學，中二病發作的時候會喜歡上某位住在同邨另一座樓的同班同學。就算這些人和事看起來可以互相替換，但對於每一個人來說，那經歷仍然是獨一無二的。

當然，有很多人會搶著向你解釋在屋邨成長是怎樣的一回事：電視劇、電影、都市傳說、官方的宏大敘事……就連這本書都不例外，但最後都只能給你一個有限的認識。它們都有各自的角度和偏見；相對於訴說屋邨本身是什麼，更大程度上其實在告訴你正站在什麼位置說話。

如是者，除了眾人的描述，如果可以的話，我想最好我們也能聽聽屋邨居民自己的說法；先暫時別管這些故事在世人眼中是否重要，每個人都有權相信自己是自己生命的主角。

說話，方式有很多。不一定要通過語言，也可以通過行動。屋邨的居民，除了是政府規劃之下可被管治的對象，是否也可以成為自信可改變未來的主體？從第一座公屋算起，七十年來，屋邨中的社區意識，轉了好多好多個彎。特別是過去數年，香港變得翻天覆地，社區意識從潛藏變成熾熱，各種參與模式一度如雨後春筍一樣湧現，然後又在巨大的逆流面前一下子被迫消失。接下來，還能如何說話？

而要回答這條問題的，又豈只是公屋居民？這本書以公屋為題，但寫著寫著，我逐漸發現我要談的不只是公屋：印象被定形、生活被規範、需求被馴服、聲音被代言……這些事情，當然不只在屋邨發生。在屋邨中，政府在生活的位置相對明顯，規限和挑戰因而相對直接；但同樣的困難，可不限於屋邨，甚至不限於香港。

過去數年，數以十萬計的香港人離開香港，在各地形成離散港人社群。在這些社群當中，我見到各式各樣的爭執和困惑，以及「存活者的內疚」。與此同時，數百萬仍在香港的「留下來的人」，每天見證香港一天比一天變得陌生。在黑暗之中，眾人不錯過任何一個機會尋找情緒出口，然後互相指責對方錯找情緒出口。在這樣的環境下，我們難免會把往日的香港想得過於浪漫，以緩和頃刻面對的不安。對這個需求，我十分理解。

但從下筆開始，我就決定不會寫一個美好的屋邨印象，讓大家懷緬所謂的香港黃金歲月；雖然在當前的社會，這樣寫大概應該更有市場。但屋邨不是這樣的一回事，我無法這樣寫。走遍全港大小屋邨之後，我得到的最大感應，大概就是黃偉文筆下那位少年的躁動：說話很難，但還是要想辦法說話。

畢竟無論是在或不在屋邨，在或不在香港，如何讓自己繼續說下去，如何讓更多人能夠說下去，應是我們既生為人的功課。

數據中的屋邨[1]

人口

全香港　七百四十一萬三千零七十人

公營租住房屋（如出租公屋）　二百一十七萬五千三百六十人（二九%）

資助自置居所房屋（如居屋、出售公屋）　一百一十六萬一千一百零五人（一六%）

老人（六十五歲或以上）人口比例

全香港　一九・六％
比例最高的屋邨　樂華南邨　四一・〇％
比例最低的屋邨　滿東邨　六・六％

專上教育畢業生比例

全香港　二九・三％
比例最高的屋邨　大坑西邨　二六・七％
比例最低的屋邨　祥龍圍邨　七・一％

個人每月主要職業收入中位數（不包括外籍家庭傭工）

全香港　一萬九千五百港元
收入最高的私人屋苑　貝沙灣　七萬四千六百二十港元
收入最高的屋邨　家維邨／健康村／健駿發花園　一萬八千港元
收入最低的屋邨　寶田邨　一萬二千二百五十港元

家庭每月租金中位數

全香港　二千九百港元
公營租住房屋　二千零九十港元
私人永久性房屋　一萬一千港元
租金最高的私人屋苑　貝沙灣　五萬四千港元

租金最低的屋邨　寶田邨　七百一十港元

居所樓面面積中位數

全香港　四十平方米

面積最大的私人屋苑　康樂園　一百四十八平方米

面積最小的屋邨　寶田邨　十二平方米

1 數據來自二〇二一年人口普查，個別屋邨統計不含人口少於三千人或一千戶的屋邨。

如何在香港申請公共租住房屋[1]

1. 申請人需符合如下資格——
- 申請人必須年滿十八歲
- 所有家庭成員必須現居於香港並擁有香港入境權
- 不可以在香港擁有住宅物業
- 入息和資產不可以超過限額（二〇二三年四月起，四人家庭每月入息限額為三萬零九百五十港元，資產淨值限額為五十七萬三千港元）
- 配房時至少一半家庭成員在香港居住滿七年

2. 提交申請，選擇編配區域（市區、擴展市區、新界，或離島），不可以選擇個別屋邨或地區。

3. 經審核後，按照其申請的先後次序，進入漫長的輪候期（於二〇二三年六月一日，一般申請者的平均輪候時間為五．三年）。

4. 公屋單位會按申請人的家庭人數及單位編配標準，以電腦隨機方式編配。

5. 如果不喜歡獲編配的屋邨或單位，可以等下一次機會。但除非有醫院管理局或社會福利署支持的健康或社會理由，否則最多只有三次配房機會。

6. 如果不想等太久，可以選擇「特快公屋編配計畫」提供的單位。這些單位通常因各種原因較不受歡迎，如曾涉及不愉快事件（例如凶殺案、自殺、意外身亡、追討欠債），又或單位樓層、座向，或設計有問題等。

7. 遷入公屋後，須繼續申報入息及資產狀況。如果入息超額二倍，便要繳交較高租金；如果入息超額五倍，或資產超過入息限額一百倍，就要遷出單位。不過當所有家庭成員均為年滿六十歲或以上，則不再做審查。

1 此處專指由香港房屋委員會所管理的公屋。

從港鐵將軍澳線的❶坑口站出發，首先穿過東港城商場，見識將軍澳新市鎮廣受批評的「商場天橋陣」；再來到❷ TKO Gateway，即厚德邨商場，看看領匯如何翻新屋邨商場增加租值；接著來到❸厚德邨，即《回魂夜》（臺譯：整鬼專家）的拍攝地點，回味周星馳如何反傳統地利用新屋邨作鬼片場景；沿寶寧路往西走，到達景林邨，窺探那個在邨內帶來許多爭議的❹觀音廟；穿過景林商場後，來到景林邨北面的❺水池亭園，比較 Y 型大樓相對如何比和諧式大樓提供更廣闊的規畫布局；之後到❻寶琳站乘港鐵到❼調景嶺站，看幾個關於往日國民黨人在港聚落的紀念建築；先是健明邨的❽建采樓和水飾園；然後是❾嶺光街和翠嶺路交界處的「景嶺春秋」石浮雕；最後以彩明苑彩明商場入口的❿藝術裝置作結。

公屋自助遊之一

將軍澳

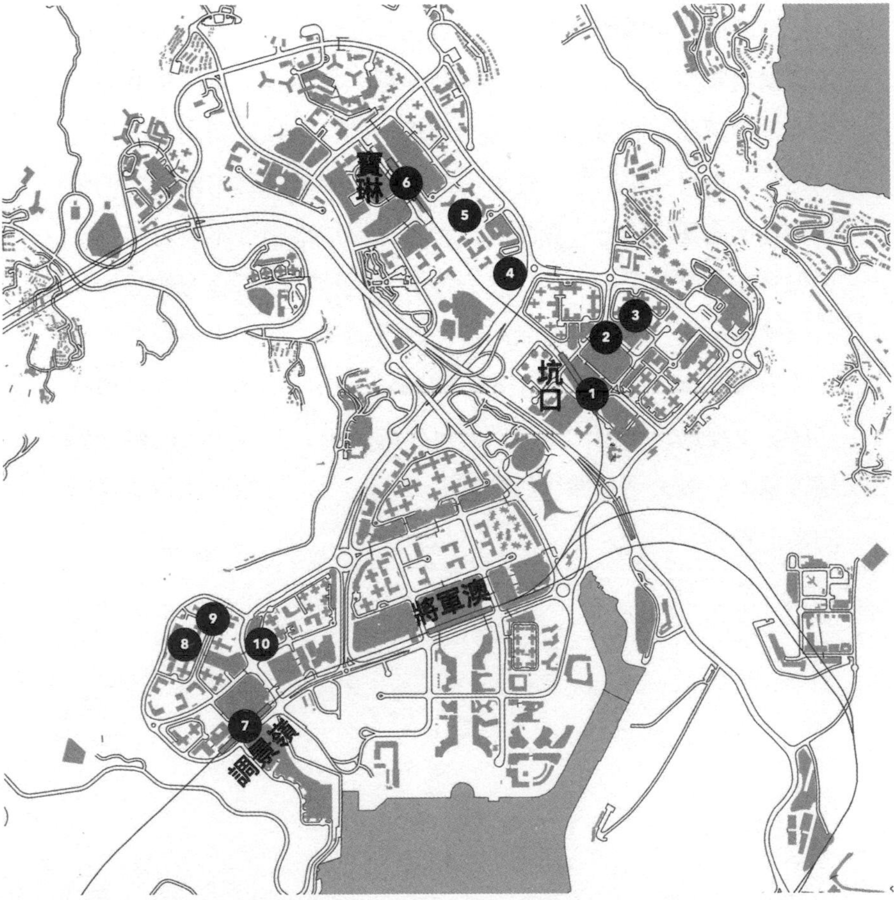

（資料來源：香港房屋委員會）

從港鐵觀塘線的石峽尾站出發，首先到「隱世景點」❶南山邨遊樂場拍照打卡；再到快將拆卸的❷大坑西邨，見證這條極少數非政府興建的私營租住屋邨的最後一面；沿窩仔街向白田街方向走，兩邊可見不同年代的公屋設計；來到前身為工廠大廈的❸賽馬會創意藝術中心，見證早期香港工業故事和近年政府推動文化保育和創意產業的嘗試；在旁邊的美益樓，則有官方的公屋和石峽尾邨歷史展示版；再到附近的❹美荷樓，亦即香港現存最後一座 H 型徙置大廈，可參觀翻新後設置的公屋博物館（美荷樓生活館）；穿過深水埗，可先到興建李鄭屋邨時意外發現的❺李鄭屋古墓；最後來到重建後的❻蘇屋邨，看看政府如何演繹老屋邨的文化傳承。

公屋自助遊之二

石硤尾

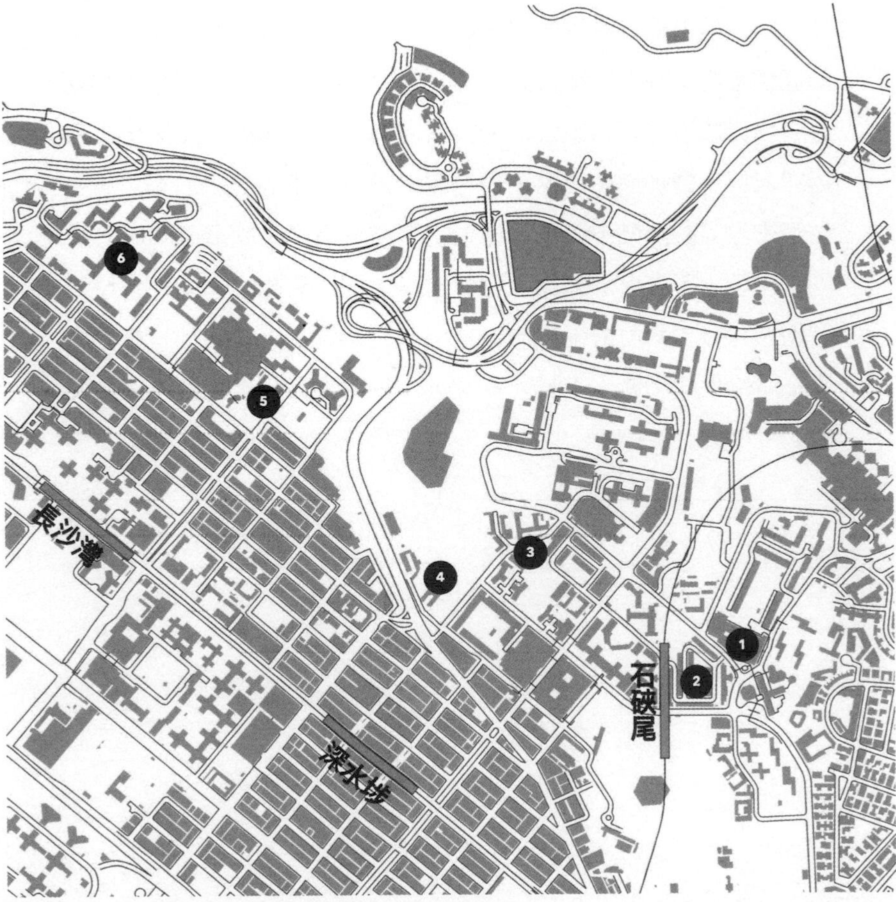

（資料來源：香港房屋委員會）

第一站是港島區經典屋邨❶華富邨，這兒有各種「屋邨遊」的必備景點：想看建築設計的有井字型和長條型大樓，想探祕的有各處鬼故事現場，想懷舊的又有老牌屋邨茶餐廳；如果想去❷瀑布灣或者❸神像山的話，要提醒這兩處都不屬公眾地方，務必注意安全；來到❹田灣邨，可以見到被私有化後的屋邨商場變成國際學校，不再提供服務予當區居民；在田灣邨的盡頭，會見到前區議員❺袁嘉蔚辦事處的原址；來到南區，當然要試一試❻香港仔避風塘的街渡（小型渡輪），行程以從海上遠眺❼鴨脷洲邨的景色作結。

公屋自助遊之三

南區

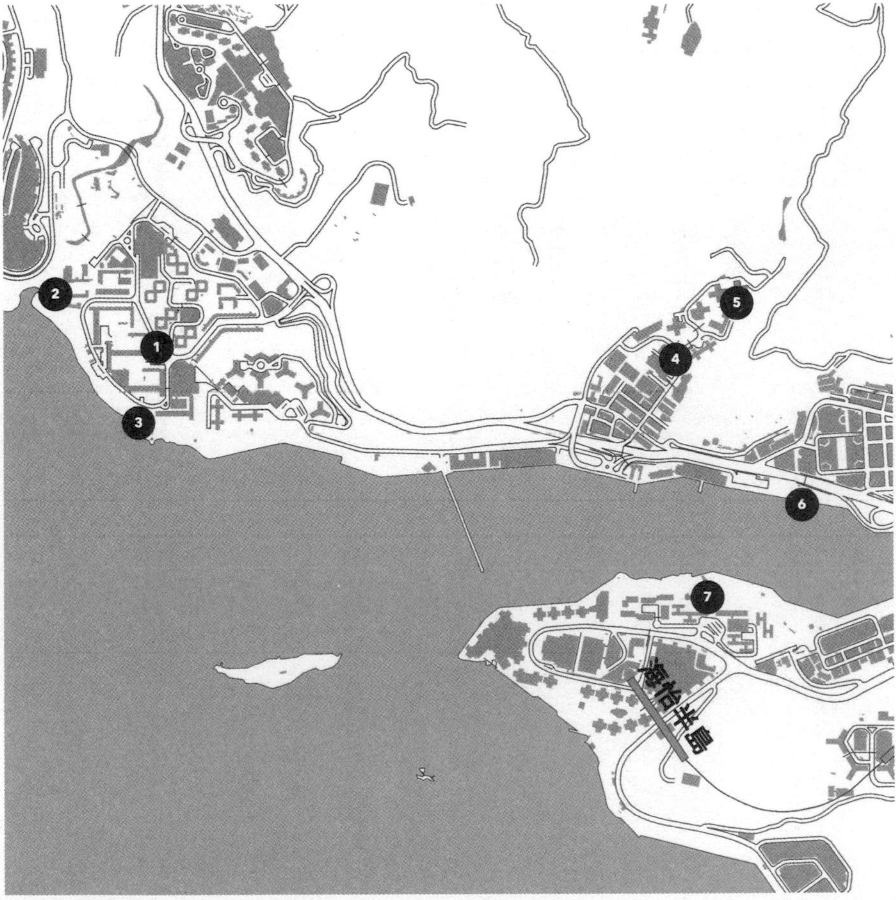

（資料來源：香港房屋委員會）

附錄——我走過的二百五十四條公共屋邨（按旅程順序）

橫頭磡邨
樂富邨
美東邨
東頭邨
東匯邨
黃大仙下一邨
黃大仙下二邨
黃大仙上邨
竹園南邨

竹園北邨
鳳德邨
慈樂邨
沙田坳邨
慈正邨
慈民邨
慈康邨
富山邨
彩虹邨

勵德邨
觀龍樓
西環邨
太和邨
大元邨
富亨邨
富善邨
廣福邨
運頭塘邨

寶鄉邨
啟晴邨
德朗邨
真善美村
馬頭圍邨
常樂邨
家維邨
紅磡邨
愛民邨
何文田邨
樂民新村
梨木樹一邨
梨木樹二邨
梨木樹邨
象山邨
石圍角邨
寶石大廈

福來邨
滿樂大廈
祈德尊新邨
富泰邨
欣田邨
寶田邨
建生邨
田景邨
良景邨
大興邨
山景邨
龍逸邨
蝴蝶邨
湖景邨
三聖邨
安定邨
友愛邨

坪石邨
彩雲一邨
彩雲二邨
彩輝邨
順利邨
順安邨
安泰邨
順天邨
秀茂坪邨
安達邨
寶達邨
秀茂坪南邨
興田邨
藍田邨
啟田邨
安田邨
平田邨

（續下頁）

德田邨
廣田邨
高怡邨
高翔苑
鯉魚門邨
油塘邨
油麗邨
海富苑
駿發花園
翠屏南邨
翠屏北邨
和樂邨
雲漢邨
樂華南邨
樂華北邨
觀塘花園大廈
牛頭角上邨

牛頭角下邨
彩霞邨
彩福邨
彩德邨
彩盈邨
啟業邨
長青邨
長康邨
長亨邨
長宏邨
偉景花園
青衣邨
長發邨
長安邨
青逸軒
石籬一邨
石籬中轉房屋

石籬二邨
安蔭邨
石蔭東邨
石蔭邨
葵興邨
葵涌邨
大窩口邨
高盛臺
葵盛西邨
葵盛東邨
葵聯邨
葵芳邨
葵翠邨
麗瑤邨
荔景邨
祖堯邨
華荔邨

利安邨
頌安邨
耀安邨
恆安邨
欣安邨
顯徑邨
顯耀邨
隆亨邨
新翠邨
秦石邨
新田圍邨
美林邨
美田邨
廣源邨
碩門邨
水泉澳邨
博康邨

乙明邨
沙角邨
瀝源邨
豐和邨
禾輋邨
駿洋邨
楔範邨
健康村
興東邨
耀東邨
康東邨
愛東邨
明華大廈
興民邨
興華二邨
峰華邨
興華一邨

連翠邨
環翠邨
華廈邨
漁灣邨
翠樂邨
翠灣邨
柴灣邨
小西灣邨
翠林邨
寶林邨
茵怡花園
景林邨
厚德邨
明德邨
怡明邨
尚德邨
彩明苑

（續下頁）

健明邨
善明邨
對面海邨
翠塘花園
南山邨
大坑東邨
大坑西新邨
石硤尾邨
白田邨
澤安邨
李鄭屋邨
蘇屋邨
元州邨
幸福邨
麗翠苑
長沙灣邨
麗閣邨

麗安邨
南昌邨
富昌邨
榮昌邨
海達邨
海盈邨
海麗邨
朗善邨
朗晴邨
朗屏邨
水邊圍邨
洪福邨
天耀一邨
天耀二邨
天慈邨
天瑞二邨
天瑞一邨

天華邨
天恩邨
天澤邨
天恆邨
俊宏軒
天逸邨
天晴邨
天悅邨
迎東邨
富東邨
逸東二邨
逸東一邨
滿東邨
龍田邨
銀灣邨
金坪邨
長貴邨

雅寧苑
祥華邨
華心邨
華明邨
雍盛苑
暉明邨
嘉福邨
清河邨
祥龍圍邨
太平邨
彩園邨
寶石湖邨
天平邨
沙頭角邨
馬坑邨
華富一邨
華富二邨
華貴邨
田灣邨
漁光村
石排灣邨
鴨脷洲邨
利東邨

行程終結後新落成的公共屋邨

啟鑽苑
菁田邨
和田邨
皇后山邨
富蝶邨

國家圖書館出版品預行編目 (CIP) 資料

香港公屋：方格子的吶喊 / 梁啟智著 . -- 初版 . -- 臺北市：春山出版有限公司 , 2023.09

面； 公分 . -- (春山之聲 ; 47)

ISBN 978-626-7236-51-2(平裝)

1.CST: 住宅政策　2.CST: 住宅問題
3.CST: 社會生活　4.CST: 香港特別行政區

542.692　　112012796

Voice
春山之聲 047

香港公屋：方格子的吶喊

作者　梁啟智
總編輯　莊瑞琳
責任編輯　夏君佩
行銷企畫　甘彩蓉
業務　尹子麟
封面設計　鄭宇斌
內文排版　簡單瑛設
法律顧問　鵬耀法律事務所戴智權律師

出版　春山出版有限公司
地址　116 臺北市文山區羅斯福路六段 297 號 10 樓
電話　（02）2931-8171
傳真　（02）8663-8233

總經銷　時報文化出版企業股份有限公司
電話　（02）23066842
地址　桃園市龜山區萬壽路二段 351 號
製版　瑞豐電腦製版印刷股份有限公司
印刷　搖籃本文化事業有限公司

初版一刷　2023 年 9 月
定價　380 元
ISBN　978-626-7236-51-2（紙本）
978-626-7236-49-9（PDF）
978-626-7236-50-5（EPUB）

有著作權 侵害必究
（缺頁或破損的書，請寄回更換）

填寫本書線上回函

All Voices from the Island

島嶼湧現的聲音